Herbert Scheuring

Wege durch die Trauer

FÜR HEIDRUN

UND ALLE,
DIE MIR NACH IHREM TOD
GEHOLFEN HABEN,
WEITERZULEBEN

Inhalt

Vorwort

Trauer ist kein Schicksal, das nur einzelne Menschen betrifft. Trauer betrifft uns alle. Wir sind von Trauer umgeben, jeder von uns. Wir sehen sie oft nur nicht, weil wir sie nicht sehen wollen. Trauer macht viele Menschen sprachlos. Dieser Sprachlosigkeit etwas entgegenzusetzen war das Ziel einer Reihe von Beiträgen, die ich für die in Würzburg erscheinende Tageszeitung »Main-Post« geschrieben habe. Die in diesem Buch gesammelten Texte der Serie »Wege der Trauer« berichten über die Erfahrungen und Probleme von Menschen, die einen schweren Verlust erlitten haben. Und sie lenken den Blick auf Menschen, die vor der Trauer nicht davonlaufen, sondern jenen, die eine geliebte Person verloren haben, Hilfe anbieten.

Die Behandlung des Themas in der Tageszeitung setzte ein Zeichen gegen die Ausgrenzung der Trauer. Sie forderte alle Leser zur Auseinandersetzung mit diesem sehr schmerzlichen, aber zutiefst menschlichen Thema heraus. Dankbar bin ich für die zahlreichen Zuschriften von Trauernden, denen diese Texte Trost und Perspektiven vermittelten. Mit diesem Buch verbindet sich die Hoffnung, dass die Texte weiteren Menschen auf ihrem Weg durch die Trauer eine Hilfe sein mögen.

Die einzelnen Beiträge wurden für dieses Buch überarbeitet und ihrem Thema entsprechend verschiedenen Kapiteln zugeordnet. Der erste Teil »Die Trauer ist ein fremdes Land« will verständlich machen, was Trauer bedeutet und wie sie sich äußern kann. Der zweite Teil »Die ersten Tage des Abschiednehmens« gibt Auskunft darüber, was in der Zeit zwischen Tod und Beisetzung einer geliebten Person getan werden muss und getan

werden kann. Der dritte Teil »Menschlichkeit gegen das Schweigen« stellt Menschen vor, die Trauernden Hilfe und Begleitung in schwerer Zeit anbieten. Dazu zählen Klinikseelsorger, Selbsthilfegruppen, Mitarbeiter von Krisendiensten oder Hospizvereinen. Ihr Engagement ist beispielhaft für menschliche Begleitung in Zeiten der Trauer und zeigt an konkreten Fällen auf, was es bundesweit an Hilfsangeboten gibt, auf die Kontaktadressen im Anhang verweisen. Der vierte Teil »Der Trauer Worte geben« berichtet über die literarische Auseinandersetzung mit der Trauer und stellt Bücher vor, in denen sich Trauernde wiedererkennen können. Der letzte Teil »Aber die Liebe bleibt bestehen« will begreiflich machen, dass Trauer nicht das Ende der Liebe bedeutet, sondern ihre Fortsetzung.
Die in diesem Buch vereinten Erfahrungen und Geschichten sind Texte gegen das Vergessen. Es sind Texte für Trauernde, aber auch Texte zur Erinnerung an jene Menschen, die wir durch den Tod verloren haben und mit denen wir dennoch weiter in Liebe verbunden sind. Dieses Buch versucht, manchmal Unaussprechliches in Worte zu fassen. Es will und kann keine Gebrauchsanweisung für den richtigen Umgang mit Trauer sein. Ein solches Rezept gibt es nicht, auch wenn manche Ratgeber diesen Eindruck erwecken. Jeder Mensch trauert anders. Vermutlich haben auch Sie diese Erfahrung gemacht. Dieses Buch will Ihnen verschiedene Hilfsangebote vorstellen. Vor allem aber will es Ihnen zeigen, dass Sie mit Ihrem Leid nicht alleine stehen. Andere Menschen, denen Sie in diesem Buch begegnen, haben ein ähnlich schweres Schicksal zu tragen. Sie müssen ebenfalls versuchen, zwei manchmal unvereinbar scheinende Welten miteinander zu verbinden: die Trauer und das Weiterleben.

Wenn das Leben eines geliebten Menschen endet, scheint oft auch das eigene Leben seinen Sinn, seinen Wert, seine Grundlage verloren zu haben. So ging es auch mir selbst. Meine Lebenspartnerin starb 1999 an einem Krebsleiden. Trauer ist für mich daher nicht nur ein Wort. Ich weiß nur allzu gut, was Trauer bedeutet, wie sehr sie das Leben und den Blick auf die Welt verändern kann. Die Texte dieses Buches sind daher keine distanzierten Erörterungen. Sie stellen den Blickwinkel von Trauernden in den Mittelpunkt. Sie spiegeln auch meinen persönlich erfahrenen Schmerz. Einen Schmerz, der zuerst keine Worte kannte – und dann nach Ausdruck suchte.

Die Trauer hat mich an die Grenze meines eigenen Lebens geführt. Die Erkenntnis, dass Liebe nicht stirbt, sondern auf andere Weise bestehen bleibt, hat mich am Leben erhalten. Kraft gaben mir auch die Gedanken, Empfindungen und Erfahrungen von Menschen, die ein ähnliches Schicksal tragen müssen und trotzdem einen Weg gefunden haben, weiterzuleben. Viele Erfahrungen dieser Menschen, mit denen ich sprechen durfte, haben Eingang in dieses Buch gefunden. Trost fand ich darüber hinaus in Büchern, vor allem in Erfahrungsberichten von Menschen, die ebenfalls um eine geliebte Person trauern. Vielleicht können einige dieser Bücher auch Ihnen als stille Begleiter eine Hilfe sein.

Es gibt nicht nur einen Weg durch die Trauer. Es gibt viele Wege. Dieses Buch berichtet über verschiedene Wege der Trauer, die unterschiedliche Menschen gegangen sind. Möge es Ihnen dabei helfen, Ihren eigenen Weg zu finden. Ich wünsche es Ihnen sehr.

Herbert Scheuring

Die Trauer ist ein fremdes Land

»Vor meinem eigenen Tod ist mir nicht bang.
Nur vor dem Tode derer, die mir nah sind.
Wie soll ich leben,
wenn sie nicht mehr da sind?«[1]

(Mascha Kaléko)

Der Tod steht mitten im Leben

Der Tod einer geliebten Person erschüttert zutiefst. Aber die Trauer hat kaum einen Platz im modernen Leben, denn sie verunsichert, macht Angst, stellt alles in Frage.

Jeder Mensch stirbt. Das wissen wir alle, und doch schieben wir Gedanken an den Tod weit von uns. Wir reisen durch das Leben, als ob der Tod ein weit entferntes Land sei, das wir nicht betreten müssten. Nur alte Menschen sterben, reden wir uns ein, und immer ist jemand älter als wir. Aber der Tod kommt, wann er will. Er hält sich nicht an Regeln. Menschen im »besten Lebensalter« sterben, Jugendliche, Kinder sogar. Doch wir wollen nichts davon wissen. Wenn in unserer Nähe jemand stirbt, tun wir uns schwer, damit umzugehen. Und wenn wir selbst den Verlust eines geliebten Menschen betrauern, fühlen wir uns oft hilflos, unverstanden und allein gelassen.
In unserer Zeit scheint es nur um Glück, Erfolg und Karriere zu gehen. Der Alltag beherrscht uns, und wir tun so, als ob es kein Ende gäbe. Das Leben, das uns die Werbung in Fernsehen und Hochglanzmagazinen vermittelt, scheint nur aus schönen und nützlichen Dingen, aus Wohlbefinden und neuen Herausforderungen zu bestehen. In unserer Zeit, in der man angeblich über alles reden kann, bleibt die Trauer als Thema normalerweise ausgeklammert. Dafür gibt es viele Gründe. Über Trauer zu sprechen macht keinen Spaß, und es passt nicht in unsere Spaß-Gesellschaft. Über Trauer zu sprechen verlangt Ernsthaftigkeit. Es lässt die Oberflächlichkeit, die unsere Gespräche meist kennzeich-

net, nicht zu. Über Trauer zu sprechen – besonders mit jenen, die trauern – ist nicht möglich ohne die Bereitschaft, wirklich zuzuhören und einen Teil der Last zumindest für einen Augenblick mitzutragen.
Über Trauer zu sprechen verlangt auch, sich der Tatsache zu stellen, dass dem eigenen Dasein Grenzen gesetzt sind. Weil wir dies wissen, aber nicht wissen wollen, vermeiden wir es, daran zu denken, darüber zu sprechen. So grenzenlos unsere Welt auch geworden zu sein scheint – die Grenzen der menschlichen Kommunikation sind schnell erreicht, wenn es darum geht, über Trauer zu sprechen. Trauer wird heute meist als Privatsache betrachtet. Als unangenehmes Thema, das wir uns lieber vom Leibe halten, über das wir gar nicht so genau Bescheid wissen wollen. Trauernde, die auf Mitmenschlichkeit hoffen, werden oft nur mit betretenem Schweigen oder aufmunternden Sprüchen konfrontiert. Deine Trauer – das geht mich nichts an, ist eine verbreitete Einstellung. Und diese Lebensphilosophie funktioniert – bis die Trauer eines Tages an die eigene Türe klopft und sich nicht mehr abweisen lässt.
Ist der Tod ein Tabu? Ja und nein. In den Medien begegnen wir ihm Tag für Tag – als abstrakte Ziffer bei den Berichten über die Opfer von Unglücken und Katastrophen oder als Unterhaltungsstoff, verpackt in Filmen und Kriminalromanen. Dieser Tod ist weit weg – oder fiktiv, nicht wirklich. Er hat nichts mit unserem Leben zu tun. Er betrifft uns nicht. Deshalb ist er kein Tabu. Deshalb können wir über ihn sprechen. Anders verhält es sich mit dem Tod in unserer unmittelbaren Umgebung. Er ist wirklich, er greift in unser Leben ein. Er stört und verstört. Er rührt tief an unsere Gefühle, die wir nach außen hin zu beherrschen gelernt haben. Wir müssen diesen Tod hinnehmen, eine andere Wahl

haben wir nicht, aber wir sprechen nicht über ihn. Über diesen Tod zu sprechen ist ein Tabu.

Liebe und Trauer sind die tiefsten und stärksten Gefühle. Und sie sind untrennbar miteinander verbunden: Je größer die Liebe zu einer Person war, desto tiefer ist die Trauer nach ihrem Tod. In der Öffentlichkeit werden die beiden Gefühle jedoch höchst unterschiedlich behandelt. Während die Liebe in all ihren Spielarten ein beliebtes Gesprächsthema abgibt, scheint es zum guten Ton zu gehören, dass man über Trauer nicht spricht.

Es gilt heute als Zeichen der Stärke, nach einem Todesfall möglichst schnell wieder zur Tagesordnung überzugehen. Es gilt als Zeichen der Stärke, sich gut zu fühlen, sich »gut zu verkaufen«. In einer Welt, in der Eigenlob und Angeber Beifall finden, in der Zurückhaltung und Selbstzweifel nichts zählen, zählt auch die Trauer nichts. Gefühle der Trauer gelten als Zeichen der Schwäche, denn sie offenbaren die Verwundbarkeit des Menschen. Aber Trauer ist kein Zeichen von Schwäche. Gelebte Trauer zeugt von der Stärke, sich mit einem Verlust auseinanderzusetzen. Ebenso zeugt es von Stärke, wenn sich Mitmenschen nicht von Trauernden abwenden. Denn es erfordert Mut, Trauernden nahe zu sein, ihr Leid mit auszuhalten.

Viele Menschen verstecken ihre Gefühle, weil es die Gesellschaft von ihnen erwartet. Über eine schwere oder unheilbare Krankheit sprechen sie oft nur hinter vorgehaltener Hand – als ob sie etwas Verwerfliches sei. Und über den Tod schweigen sie. Der Tod, so scheint es, wird als persönliches Versagen, als Niederlage betrachtet. Aber der Tod ist keine Niederlage, denn er kommt zu jedem Menschen – früher oder später.

Memento mori, gedenke des Todes: Der Sinnspruch

vergangener Jahrhunderte ist heute in sein Gegenteil verkehrt. Die moderne Welt bemüht sich nach Kräften, Gedanken an den Tod zu verdrängen. Deshalb sind Trauernde ein Störfaktor. Wenn sie ihre Trauer zeigen, passen sie weder ins Berufsleben noch in eine private gesellige Runde. Ihre Tränen verunsichern, sind unerwünscht und lassen peinliche Situationen entstehen. Trauer, so die verbreitete Meinung, soll sich auf dem Friedhof oder in den eigenen vier Wänden verstecken. In der Öffentlichkeit wirkt sie abschreckend, wird als Belästigung empfunden.

Viele Menschen verschließen ihre Augen und Ohren vor dem Schmerz von Trauernden. Sie wollen nicht, dass dieses Leid einen Schatten auf ihr eigenes Leben wirft. Sie wollen nicht in den Strudel dieses Kummers mit hineingezogen, wollen nicht daran erinnert werden, dass ihnen Gleiches geschehen könnte. Trauernde müssen daher nicht nur den Verlust eines geliebten Menschen ertragen, sondern allzu oft auch eine Umwelt, die sie meidet. Die Folgen sind Sprachlosigkeit und Verbitterung, die das Leid von Trauernden noch zusätzlich verstärken.

Obwohl persönliche Trauer in der Öffentlichkeit ein Schattendasein führt, erscheint Trauer als öffentlicher Begriff oft in einem falschen Licht. Wenn eine Riege gutverdienender Sportler versagt, sprechen Journalisten schnell und gerne von einem »Trauerspiel«. Trauer kann angeblich sogar fröhlich machen. Die Überschrift über eine Filmkritik verkündete unlängst: »Mit der Trauer kommt das Glück.« Wenn Trauernde nur wüssten, wie das funktionieren soll. Noch schamloser war wohl nur die Schlagzeile eines Boulevard-Magazins zur Scheidung von Boris und Barbara Becker: »Ganz Deutschland trauert um sein verlorenes Traumpaar.«

Ein Satz, in dem fast jedes einzelne Wort gelogen ist. Wer wirklich trauert, kann diesen achtlosen und ahnungslosen Umgang mit dem Wort Trauer nur schwer ertragen. Trauernde leiden doppelt unter dieser sprachlichen Gedankenlosigkeit. Zum einen, weil ohnehin kaum jemand sie versteht. Zum anderen, weil sich immer weniger Menschen unter Trauer etwas vorstellen können, wenn der Begriff für alles und jedes herhalten muss.
Trauer ist aber nicht nur irgendetwas, das weiter nichts bedeutet. Trauer ist etwas zutiefst Schmerzliches, Verstörendes, Verletzendes. Trauer ist nicht nur irgendeine traurige Stimmung, die kommt und vergeht. Sie ist auch nicht nur ein Verhalten, das man zeigt, weil es nach einem Todesfall in der Öffentlichkeit als angemessen betrachtet wird. Trauer hat überhaupt nichts mit Konventionen zu tun. Sie ist eine seelische Erschütterung, die viele Menschen völlig aus der Bahn wirft, eine Umwälzung des Lebens, an der manche zerbrechen. Trauer ist aber auch der Verbindungsweg zwischen zwei Lebensstationen, der beschritten und bewältigt werden kann: dem Leben mit einer geliebten Person und dem durch die Tatsache des Todes erzwungenen Leben ohne diese Person.
Was Trauer wirklich bedeutet, wissen nur die, die Trauer selbst erfahren, und – auf andere Weise – jene, die Trauernde begleiten. Ihre Erfahrungen stehen im Mittelpunkt der folgenden Texte. Sie wenden sich zuallererst an all jene Menschen, die um eine geliebte Person trauern. Sie richten sich aber auch an all diejenigen, die als Angehörige, Freunde, Kollegen oder Nachbarn mitfühlen und Menschen in Trauer zur Seite stehen möchten. Nicht zuletzt wollen sie alle dazu anregen, über das Leben und den Tod nachzudenken.

Sprachlos in einem fremden Land

Wer trauert, stürzt in ein Chaos der Gefühle. Jeder Mensch trauert anders. Dennoch gibt es bestimmte Muster und Verhaltensweisen, die sich ähneln.

Der so genannte Trauermonat November zählt mit Allerheiligen, Allerseelen, dem Volkstrauertag und dem Totensonntag vier Gedenktage, an denen sich viele Menschen besonders intensiv an die Personen erinnern, um die sie trauern. Das ist gut und wichtig. Doch im wirklichen Leben hat die Trauer keinen Terminplan. Sie lässt sich nicht auf bestimmte Tage beschränken. Jeden Tag trauern Menschen, auch ganz in unserer Nähe. Viele trauern Monate und Jahre, manche ihr ganzes Leben lang.

Trauer kann Menschen so tief erschüttern, dass sich ihr Leben völlig verdunkelt und sie selbst sterben möchten. Das Ausmaß der Trauer hängt von der Tiefe der Liebe und gegenseitigen Bindung ab, die dem Verlust vorausging. Es macht einen Unterschied, ob ein Bekannter stirbt, ein Kollege, ein Freund, ein naher oder entfernter Angehöriger. Wer Bruder oder Schwester, Vater oder Mutter verliert, wird den Tod in der Regel als sehr schmerzlich erfahren. Die stärkste Form der Trauer wird nach Erkenntnissen von Psychologen und Psychotherapeuten durch den Tod eines Kindes oder des Lebenspartners ausgelöst.

Wer einen langjährigen Partner verliert, mit dem er eine gemeinsame Vergangenheit hatte und eine gemeinsame Zukunft plante, kann nicht einfach zur Normalität zurückkehren. Die Normalität existiert für ihn nicht mehr. Das Leben zerbricht in zwei Teile: die eigene Einsamkeit, Angst, Wut und Verzweiflung – und das ganz normale Leben auf der Straße, das davon nichts weiß und nichts wissen will. Die Welt erscheint als Puzzle, in dem die entscheidenden Teile verloren gegangen sind: Nichts passt mehr zusammen. Mit dem Verlust der geliebten Person, des Mittelpunkts der eigenen Welt, macht der Rest der Welt kaum noch Sinn. Und das oft für sehr lange Zeit.

Die Trauer ist ein fremdes Land. Viele finden sich nicht in ihm zurecht und verstehen seine Sprache nicht. Sie können das, was sie wahrnehmen, oft nicht in Worte fassen, sondern nur in Bildern ausdrücken. »Es war, wie ein heißes Gefäß in der Hand zu halten, an dem man sich verbrennt. Aber ich konnte es nirgends hinstellen, es nirgends loswerden«[2], erinnert sich eine Mutter, deren Tochter bei einem Autounfall ums Leben gekommen ist. Ihre Erschütterung nach dem Tod ihres Mannes beschreibt eine Frau mit den Worten: »Wenn der Partner stirbt, ist das Entsetzen so groß, dass nichts außer dem existiert. Es ist ein grauenvolles Entsetzen, man begreift überhaupt nichts mehr.«[3]

Trauer ist eine seelische Erschütterung, die nicht einfach vorübergeht, ohne Spuren zu hinterlassen. Die Trauer um eine geliebte Person verwundet die Seele und kann auch der körperlichen Gesundheit Schaden zufügen. Tiefe Trauer schwächt das Immunsystem und erhöht so das Risiko, krank zu werden. Trauer verstärkt die Anfälligkeit für Infektionskrankheiten. Zwischen Stress und verschiedenen Erkrankungen besteht oft ein Zusammenhang. Der Tod eines Ehepartners, eines Kindes oder einer anderen engen Bezugsperson verursacht den größten emotionalen Stress überhaupt. Zu den Symptomen, die bei Trauernden verstärkt auftreten können, zählen Schlaflosigkeit, Appetitlosigkeit, nächtliches Zähneknirschen aufgrund unbewältigten Kummers, Alkoholmissbrauch und anderes Suchtverhalten, Abhängigkeit von Beruhigungsmitteln und depressive Stimmungen, die in chronische Depression übergehen können. Deshalb ist es wichtig, sich der Trauer zu stellen, da verdrängtes Leid viele Symptome verschlimmern kann.

Wer trauert, geht durch ein Wechselbad der Gefühle. Dazu zählen Traurigkeit, Verzweiflung, Sehnsucht. Schock und Wut über die eigene Ohnmacht und Hilflosigkeit. Wut auf Gott und die Welt, die von diesem Tod unberührt scheint. Das Gefühl, ungerecht behandelt worden zu sein. Die Suche nach einem Schuldigen am Tod des geliebten Menschen. Das Gefühl, durch eigenes Verhalten und Versäumnisse am Tod mitschuldig zu sein. Das Baden in einem Meer der Erinnerungen, das plötzlich einer gähnenden Leere weicht. Alpträume und Schlaflosigkeit. Und die Angst – vor dem Alleinsein, vor der Nacht und vor dem nächsten Tag.

Psychologen und Therapeuten, die trauernde Menschen durch ihren Schmerz begleiten, haben versucht, Ordnung in dieses Chaos der Gefühle zu bringen und ein System des Trauerverlaufs zu entwerfen. Zu den Pionieren auf diesem Gebiet zählen John Bowlby und Colin Murray Parkes, die die Trauer in Phasen gliederten. Die Konzepte wurden von vielen Trauerforschern ergänzt und variiert. Heute wird meist von einem Vier-Phasen-Modell der Trauer gesprochen:

Erste Phase: Unmittelbar nach dem Tod werden Trauernde von Schock und Lähmung erfasst. Es ist die Phase des Nicht-Wahrhaben-Wollens, die Stunden, aber auch Tage dauern kann. Alles erscheint Trauernden wie ein böser Traum. Der Verstand weiß zwar, was passiert ist, aber das Herz kann es nicht begreifen.

Zweite Phase: Nach dem ersten Schock, oft auch erst nach der Beerdigung, brechen die Emotionen unkontrolliert hervor. Der Verlust wird erst jetzt, nachdem wieder Stille eingekehrt ist, richtig bewusst. Es ist eine Zeit der Unruhe und Erschöpfung, der Traurigkeit, Verzweiflung und Depression.

Dritte Phase: Trauernde ziehen sich zurück, werden apathisch. Viele suchen die Nähe vertrauter Menschen, um nicht völlig den Boden unter den Füßen zu verlieren. Die Auseinandersetzung mit dem Verlust und die Suche nach Antworten für das Unerklärliche beginnen. Diese Phase kann lange dauern, manchmal mehrere Jahre.

Vierte Phase: Trauernde haben den tiefsten Schmerz überstanden. Sie versuchen, den Verlust in ihr Leben zu integrieren und sich wieder in der Welt zurechtzufinden. Es ist eine Zeit der Neuorientierung, der Suche nach Wegen, die ein Weiterleben ermöglichen.

Die Versuche, den Trauerverlauf zu gliedern, beruhen auf umfangreichen Studien und Erfahrungswerten. Sie beschreiben die Trauer oft treffend, aber sie treffen nicht auf jeden zu. Manche mögen ihre Gefühle in diesen Phasen deutlich wiedererkennen, andere weniger. Jeder Mensch trauert anders, denn Trauer ist die Frucht einer sehr intimen Beziehung zu einem Menschen und eines sehr persönlichen Verlustes. »Gefühle lassen sich nun einmal nicht in Schablonen und Muster pressen«[4], meint der Trauerforscher Jorgos Canacakis. Trauer kostet Kraft, doch gibt es keine »Trauerarbeit«, die nach einem bestimmten Plan zu erledigen wäre. Keine Phasen, die in einer bestimmten Reihenfolge durchlaufen werden müssten. Dennoch ist der wissenschaftliche Versuch, eine Ordnung in dem Chaos der Gefühle zu entdecken, richtig und hilfreich. Gerade Trauernde können so erkennen, dass sie sich auf einem Weg befinden – und nicht am Ende des Weges, wie sie in ihrem Schmerz vielleicht glauben.

Trauer ist ein langer Weg. Doch auch diejenigen, für die er besonders beschwerlich ist, merken irgendwann, dass sie weiterleben, überleben. Heilt die Wunde der Trauer? Sicher nicht so, dass nichts mehr zu sehen ist. Im besten Fall verschwindet der Schmerz. Aber eine Narbe bleibt. Manche Therapeuten sprechen von einem »erfolgreichen Trauerverlauf«. Ein unglücklicher Begriff, denn bei der Trauer geht es nicht um Erfolg oder Misserfolg. Es gibt nur unterschiedliche Arten, das Schwierige zu bestehen. Am Ende der Trauer steht auf keinen Fall das Vergessen. Sondern ein Weg, der es Trauernden erlaubt, mit der Last und der Lust der Erinnerungen zu leben.

Wie wir Trauernden helfen können

Wer um eine geliebte Person trauert, hofft auf Worte und Gesten, die von Herzen kommen. Aber viele Menschen fühlen sich überfordert und lassen Trauernde allein.

Es erfordert nicht nur Taktgefühl. Es erfordert auch Mut, sich Sterbenden oder Trauernden zuzuwenden. Eine innere Stärke, die viele nicht besitzen. Die Last des Schmerzes, die Trauernde zu tragen haben, verunsichert, macht Angst. Viele gehen Menschen, die einen schweren Verlust zu beklagen haben, daher aus dem Weg. Aus Angst davor, etwas falsch zu machen, tun sie lieber gar nichts.

Der Tod erschreckt in einer Zeit, in der alles als machbar gilt, denn er ist endgültig und unabänderlich. Dem Tod und der Trauer folgen oft das Schweigen und die Einsamkeit. Man kann ja doch nichts tun, heißt es. Doch das stimmt nicht ganz. Wir können den Tod nicht ungeschehen machen. Aber wir können Trauernden auf vielerlei Weise Zeichen unseres Mitgefühls geben und ihnen so das Schwere vielleicht ein bisschen leichter machen.

Was tun? Selbst die, die Trauernde trösten möchten, wissen oft nicht, was sie sagen sollen. Doch sie müssen gar nicht unbedingt etwas sagen. Menschliche Nähe allein kann schon Trost sein. Wer Trauernden helfen will, muss keine Wunder vollbringen. Viele haben Angst, auf die Fragen von Trauernden keine Antwort zu haben. Aber es geht nicht um Antworten. Es geht in erster Linie darum, zu zeigen, dass man Anteil nimmt, den Schmerz über das Unbegreifliche teilt. Um Mitmenschlichkeit im wahrsten Sinne des Wortes.

Trauer trennt die Menschen. Dabei könnte sie verbinden, denn jeder Mensch trauert in seinem Leben. Wer diese Erfahrung noch nicht gemacht hat, dem steht sie noch bevor. Wer den Mut und die Kraft dazu aufbringt, kann Angehörigen und Freunden in dieser schmerzlichsten Krise der menschlichen Existenz eine wichtige Stütze sein. Trauernde fühlen, dass sie eine Last sind. Da sie niemandem zur Last fallen wollen, ziehen sie sich oft zurück, meiden große Menschenansammlungen. Das bedeutet aber in der Regel nicht, dass sie gar keine Menschen sehen wollen. Lassen Sie Trauernde nicht alleine, bauen Sie Ihnen eine Brücke. Folgende Ratschläge können Ihnen vielleicht dabei helfen. Nicht alle passen auf jeden Menschen, aber viele von ihnen auf viele.

- Gehen Sie zur Beerdigung, wenn nicht ausdrücklich darum gebeten wird, fernzubleiben. Ihre Anwesenheit gibt Trauernden das Gefühl, nicht alleine zu sein. Sie ist ein Zeichen des Respekts gegenüber den Lebenden und den Toten, ein Zeichen menschlicher Gemeinschaft.
- Geben Sie Trauernden zu verstehen, dass Sie Anteil nehmen an ihrem Schmerz. Schreiben Sie ein paar persönliche Zeilen. Verschicken Sie keine nur namentlich unterzeichnete Trauerkarte. Wer Floskeln gebraucht, zeigt, dass seine Anteilnahme eine Pflichtübung ist und nicht von Herzen kommt.
- Schreiben ist manchmal besser als telefonieren: Ein Brief, auch ein kurzer, ist persönlicher und unaufdringlicher als ein Anruf. Ihre Zeilen können von Trauernden immer wieder gelesen werden. Sie sind ein sichtbares, mit Händen greifbares Zeichen Ihres Mitgefühls.

- Sagen Sie nicht: »Ruf mich an, wenn ich irgendetwas tun kann.« Tun Sie etwas! Vage Hilfsangebote, die oft nur Ihr eigenes Gewissen beruhigen, werden von Trauernden als Floskeln erkannt und deshalb auch nicht ernst genommen. Das Angebot muss konkret sein, denn vielen Trauernden fällt es schwer, auf andere zuzugehen.
- Bieten Sie an, alltägliche Dinge zu erledigen, die von Situation zu Situation unterschiedlich sein können: Anrufe tätigen, Einkaufen, Kochen, Kinder betreuen, Bügeln etc.
- Bieten Sie Ihre Nähe an, wenn der Trauernde alleine lebt: Fragen Sie, ob Sie bei ihm übernachten sollen oder ob er einige Zeit bei Ihnen verbringen möchte. Selbst wenn Trauernde das Angebot nicht wahrnehmen, werden sie es als Zeichen Ihrer Freundschaft und Anteilnahme zu schätzen wissen.
- Reden Sie sich nicht ein, Trauer sei etwas Privates, bei dem Sie nur stören würden. Manche Trauernde können und wollen wirklich nicht sprechen. Viele haben jedoch das Bedürfnis nach menschlicher Zuwendung und Gesprächen.
- Lassen Sie die Verbindung nicht abreißen. Trauernde sind oft wie gelähmt und nicht in der Lage, von sich aus Kontakt aufzunehmen. Wenn Sie den Kontakt meiden, schonen Sie nicht Trauernde, sondern nur sich selbst. Schreiben Sie, rufen Sie an, melden Sie sich in regelmäßigen Abständen. Vielen Trauernden ist die Welt fremd geworden. Wenn Sie sich um sie kümmern, helfen Sie ihnen dabei, sich in dieser fremd gewordenen Welt wieder zurechtzufinden.
- Halten Sie Ihr Angebot eines Gesprächs oder eines Besuchs aufrecht, auch wenn es zunächst nicht

wahrgenommen wird. Trauernde mögen darauf zurückkommen.

- Bieten Sie gemeinsame Gänge zum Friedhof an, auch wenn schon einige Zeit vergangen ist.
- Sprechen Sie über die Toten, wenn es sich Trauernde nicht ausdrücklich verbitten. Sie reißen in der Regel keine Wunde auf, wenn Sie die gestorbene Person erwähnen. Sie helfen eher, sie zu schließen. Die meisten Trauernden wollen sprechen. Sie finden es eher schmerzlich und verwunderlich, wenn ihr geliebter Mensch nicht mehr erwähnt wird. Wenn Sie aus falschem Taktgefühl schweigen, lassen Sie die Toten ein zweites Mal sterben, weil Sie so tun, als ob sie nie gelebt und keine Spuren hinterlassen hätten.
- Lassen Sie die Toten in der Erinnerung weiterleben. Sprechen Sie über gemeinsame Erlebnisse, wenn Sie dazu in der Lage sind. Das ist eines der schönsten Geschenke, das Sie Trauernden machen können. Lassen Sie durchblicken, dass die gestorbene Person auch Ihnen wichtig und nahe war. So nehmen Sie einen Teil der Last von der Schulter der Trauernden.
- Schenken Sie Trauernden Zeit, öffnen Sie ihnen Ihr Herz und hören Sie ihnen zu: Viele haben das Bedürfnis, immer wieder über die geliebte Person und die Umstände ihres Todes zu sprechen.
- Weichen Sie Trauernden nicht aus, wenn Sie nicht wissen, was Sie sagen sollen. Eine Berührung, ein stummer Händedruck, eine Umarmung sagen oft mehr als Worte.
- Haben Sie keine Angst davor zu weinen, wenn Ihnen danach zumute ist. Ihre Tränen können für Trauernde als Zeichen Ihrer Anteilnahme sogar ein großer Trost sein.

- Verbannen Sie Trauernde nicht aus Ihrem Leben. Sprechen Sie Einladungen aus und bieten Sie Besuche an, zum Beispiel für Tage wie Weihnachten oder Silvester, Geburtstage und Todestage, an denen es für Menschen, die eine geliebte Person verloren haben, besonders schwer ist, allein zu sein.
- Geben Sie Trauernden zu verstehen, dass sie Ihnen keine Last sind, dass sie in Ihrer Gegenwart ihren Schmerz nicht verstecken müssen. Lassen Sie sie wissen, dass Sie sie so akzeptieren, wie sie sind.
- Lassen Sie Trauernde Ihre Nähe spüren. Lassen Sie sie nicht alleine. Wenn Sie Menschen in Trauer Ihre Hilfe anbieten, wird nicht alles wieder gut. Aber es wird vieles besser.

Bitte keine Floskeln:
Viele Menschen versuchen, Trauernde zu trösten, aber sie verwenden dabei aus Gedankenlosigkeit manchmal Redensarten, die mehr Schaden anrichten als nützen. Benützen Sie bitte keine Phrasen und Floskeln, wenn Sie das Wort an Trauernde richten:

- Sagen Sie nicht: »Das Leben geht weiter.« Für Menschen in tiefer Trauer ist es ja gerade besonders schlimm, dass das Leben einfach weitergeht, als ob nichts passiert wäre. Es ist für sie kein Trost. Vielen Trauernden wäre es lieber, wenn das Leben nicht weiterginge. Manche würden in ihrem ersten Schmerz lieber sterben, als ohne die geliebte Person weiterleben zu müssen.
- Sagen Sie nicht, dass die Zeit alle Wunden heilt. Denn es ist nicht wahr: Die Zeit heilt nicht alle Wunden.
- Sagen Sie Trauernden nicht, dass sie »darüber hinwegkommen« werden. Woher wollen Sie das wis-

sen? Trauernde werden über den Tod eines geliebten Menschen nicht einfach hinwegkommen wie über irgendein anderes Ereignis. Sie werden allenfalls mit dem Verlust zu leben lernen. Für viele Trauernde ist es gar nicht erstrebenswert, »darüber hinwegzukommen«.

- Sagen Sie Trauernden nicht, dass Sie genau wissen, wie sie sich fühlen. Denn Sie wissen es nicht, wenn Sie nicht Vergleichbares erlebt haben.
- Sagen Sie Trauernden nicht: »Vielleicht war es so das Beste.« Wie kann der Tod eines geliebten Menschen »das Beste« gewesen sein?
- Sagen Sie Trauernden nicht, sie müssten den Blick in die Zukunft richten. Trauernde haben das Bedürfnis und das Recht, zurückzublicken.
- Sagen Sie Müttern, die ein Kind verloren haben, nicht, sie könnten noch weitere Kinder bekommen.
- Sagen Sie Menschen, die ihren Ehe- oder Lebenspartner verloren haben, nicht, dass sie jemand anderen finden werden oder wieder heiraten können. Eine geliebte Person kann nicht einfach durch eine andere ersetzt werden.

Auf einmal bist du ganz allein

Viele Frauen erfahren nach dem Tod ihres Mannes doppeltes Leid: Zur Trauer um den verlorenen Lebenspartner kommt oft die Enttäuschung über Freunde, die ihnen nun aus Angst und Unsicherheit aus dem Weg gehen.

Wenn ein Mensch stirbt, der Freunde und Bekannte zurücklässt, ist die Anteilnahme in der Regel groß. Zur Beerdigung kommen fast alle. Es gibt Kränze, Blumengebinde, Kondolenzkarten, einen Händedruck oder eine Umarmung am Grab. Die Trauergäste haben damit ihrer Pflicht Genüge getan. Sie kehren in ihr gewohntes Leben zurück. Die Trauernden müssen oft sehen, wie sie allein mit ihrem veränderten Leben zurechtkommen.
Erika F. (Name geändert) verlor ihren Mann, mit dem sie 33 Jahre verheiratet war, vor einigen Jahren durch ein Krebsleiden. Sie war damals 54 Jahre alt. Die Einsamkeit der ersten Wochen und Monate mag sie gar nicht mehr beschreiben. Die Tränen. Die Sehnsucht. Diese Hilflosigkeit. Das Alleinsein in der leeren Wohnung und die Rückkehr dorthin. Erika war plötzlich allein. Und sie erfuhr, dass es neben dem großen Verlust auch viele kleine gibt, die weh tun: »Wenn ich mich über jemanden geärgert oder etwas Schönes erlebt habe, konnte ich es niemandem mitteilen, weil niemand da war.«
Die Geborgenheit, die gewohnte Nähe, die gemeinsamen Pläne gehörten mit einem Schlag der Vergangenheit an. »Das Leben war plötzlich leer. Völlig leer«, sagt Erika. Auch deshalb, weil sich viele Freunde und Bekannte nach dem Tod ihres Mannes zurückzogen, auf

Distanz gingen. Das machte alles noch schlimmer. »Gerade jetzt hätte ich sie so dringend gebraucht«, sagt Erika. »Ich hatte auf einen Besuch oder wenigstens auf Anrufe gehofft. Aber niemand kam, niemand rief an.«
Wenn Freunde nur in guten Zeiten da sind und sich in schlechten rar machen, dann sind es keine Freunde. Viele Trauernde merken erst in dieser schwersten Zeit ihres Lebens, wer wirklich ihre Freunde sind. Oft bleiben nicht viele übrig. Manchmal gar keine.
In einer fröhlichen Runde, in der man sich trifft, um sich gut zu unterhalten, stört ein Mensch, der traurig ist. Selbst wenn er sich anstrengt, seine Traurigkeit nicht zu zeigen, ist der Verlust, den er trägt, spürbar. Besonders in jenen Freundeskreisen, in denen Paare auf Paare treffen. Erika war nicht mehr Teil eines Paares. Sie war jetzt allein. Diese sichtbare Konfrontation mit dem Tod verdirbt die Stimmung. So dachten wohl viele. Erika wurde nicht mehr eingeladen. Da war sie dann ganz allein.
Für manche Frauen bricht nach dem Tod des Mannes nicht nur ihre eigene Welt, sondern auch ihr soziales Umfeld zusammen. »Wenn die Frau stirbt und der Mann zurückbleibt, ist noch ein Zusammensein möglich«, glaubt Erika. »Eine Frau hat es schwerer. Die lassen dich einfach links liegen. Du spielst keine Rolle mehr. Du bist weg vom Fenster.«
So kommt zum Schmerz über den Tod des Partners noch das Gefühl, selbst aus der Gemeinschaft der Lebenden ausgeschlossen zu sein. Das tut doppelt weh. »Warum kommt denn niemand? Ich habe doch niemandem etwas getan?« Das hat sich Erika oft gefragt. »Als ein guter Freund von uns seinen 70. Geburtstag feierte, war ich die einzige, die nicht eingeladen war. Da habe ich mich schon gefragt, warum.«

Erikas Schicksal ist kein Einzelfall. Allein in Deutschland gibt es 5,5 Millionen verwitwete Menschen. 4,5 Millionen von ihnen sind Frauen. Vielen geht es ähnlich wie ihr.
Manche fragen Trauernde, wenn sich eine Begegnung auf der Straße nicht mehr vermeiden lässt, wie es ihnen gehe. Aber wollen sie es wirklich wissen? Meistens nicht. Oft ist es sogar so, dass sie nichts weniger wissen wollen, als wie es Trauernden wirklich geht. Am liebsten hören sie die Antwort, es gehe gut – auch wenn sie wissen, dass es nicht stimmt. Diese als Anteilnahme verkleidete Gleichgültigkeit hat auch Erika erlebt. »Man spürt sofort, wenn Fragen nicht ernst gemeint sind«, sagt sie: »Dabei hätte es mich gefreut, wenn sich jemand wirklich Zeit für mich genommen, mich gefragt hätte, wie ich zurechtkomme.« Aber so etwas ist die Ausnahme, nicht die Regel. Es gehört nicht zum gesellschaftlichen Umgangston.
Mit Krankheit und Tod wollen die meisten Menschen nichts zu tun haben. Sie stellen sich blind, taub und stumm. Erika und ihr Mann sind immer gerne zusammen zum Stammtisch gegangen. Es war eine schöne Zeit, sie verstanden sich mit allen gut. Als ihr Mann krank wurde, konnten sie nicht mehr zu den regelmäßigen Treffen am Abend gehen. »Einmal sind wir während dieser Zeit der Wirtin auf der Straße begegnet«, erinnert sich Erika: »Sie hat meinen Mann nicht gefragt, wie es ihm geht. Sie hat uns nicht einmal gegrüßt. Sie hat uns überhaupt nicht angeschaut.«
Noch verletzender war eine Erfahrung, die Erika Monate nach dem Tod ihres Mannes machte. Sie nahm ihren ganzen Mut zusammen und ging wieder zum Stammtisch, um Menschen zu treffen. Sie hatte sich auf die Gemeinschaft gefreut. Stattdessen wurde sie

von einer der anwesenden Frauen gefragt: »Was willst denn du hier?« Das bedeutete für sie soviel wie: Du gehörst nicht mehr hierher. Erika fühlte sich wie eine Aussätzige. Sie hat die Gaststätte wenig später verlassen und ist nie wieder dorthin zurückgekehrt.

»Ich hatte darauf gehofft, nach dem Tod meines Mannes wieder aufgenommen zu werden«, sagt Erika. »Aber ich habe das Gegenteil erlebt: Ich wurde ausgeschlossen.« Sie hätte sich schon über Kleinigkeiten gefreut, über Zeichen, durch die Freunde signalisieren, dass sie noch da sind. Aber sie wartete vergeblich. Erika vermisste es auch, mit Freunden über ihren Mann sprechen, sich gemeinsam mit ihnen erinnern zu können. Sie hatten ihn doch alle gekannt. »Heute scheint die Einstellung zu herrschen: Über Tote spricht man nicht. Und das tut weh«, sagt sie: »Das allerschlimmste ist, wenn jemand vergessen wird. Aber wenn über die Toten nicht gesprochen wird, dann werden sie vergessen.«

Was denken sich die Leute? Das hat sich Erika oft gefragt. »Sie denken nicht darüber nach, was es bedeutet, ganz alleine zu sein«, meint sie. Erika hat viele menschliche Enttäuschungen erlebt. Sie glaubt trotzdem nicht, dass sie von Freunden aus Boshaftigkeit so distanziert behandelt wurde. Aber Gedankenlosigkeit erklärt auch nicht alles. »Vermutlich haben sie einfach Angst«, sagt Erika: »Angst, dass sie zu sehr beansprucht werden, Angst, dass ihnen etwas weggenommen wird – ihre Unbeschwertheit oder vielleicht sogar der Partner.« Aus dieser Angst heraus wählen viele den bequemsten Weg, der ihr eigenes Leben und Wohlbefinden möglichst wenig beeinträchtigt. Und lassen jene allein, die ihre Nähe am meisten bräuchten – gerade dann, wenn sie diese besonders nötig hätten.

Wenn die eigene Welt zerbricht

Trauer kennt keine Grenze, kein Ziel. Manchmal bricht sie mit einer solchen Wucht über Menschen herein, dass ein Weiterleben undenkbar scheint.

Es ist still in der Wohnung. Waltraut B. (Name geändert) lebt heute alleine. Das war nicht immer so. Als Mutter und Ehefrau stand sie einst mitten im Leben, umgeben von Kindergeschrei, in einem Haus mit großem Garten. Ihre Familie erfüllte sie mit Glück. Besonders viel Freude bereitete ihr der kleine Hartmut, ihr jüngstes Kind. Oft kam er morgens die Treppe herunter und summte eine Melodie. »Er war ein fröhlicher Mensch, ein kleiner Sonnenschein«, erinnert sich Waltraut noch ganz genau, als ob kein einziger Tag vergangen wäre. Märchenschallplatten hörte der Siebenjährige besonders gern, und seinem Teddy gab er immer einen Abschiedskuss, bevor er in die Schule ging.

An einem sonnigen Tag im April ging Waltraut in den Garten, um einen Strauß Forsythien zu schneiden. Für den Abend hatte sich Besuch angekündigt. Sie wollte alles besonders schön machen, den Frühling auch ins Haus bringen. Dann kam ihr Mann und bat sie, sich zu setzen, weil er ihr etwas Schlimmes sagen müsse. Der kleine Hartmut war beim Herumtollen vor der Schule auf die Straße gesprungen und von einem Lkw überfahren worden.

Waltraut fuhr mit ihrem Mann zum Unglücksort. »Es war ein schrecklicher Anblick«, erzählt sie. Der Lkw-Fahrer war leichenblass. Für den Schmerz der Eltern gibt es noch heute keine Worte. Waltraut erinnert sich, wie sie die kleinen Schuhe des Kindes von der Straße aufgelesen hat, um etwas zu tun, um sich an irgendetwas festzuhalten. Der kleine Hartmut, ein quietschvergnügtes, lebendiges Kind, war von einer Sekunde auf die andere tot. Es war noch nicht einmal ein Abschied möglich.

In Waltraut machte sich ein abgrundtiefer Schmerz breit. Wenn der Schmerz ein wenig nachließ, versuchte sie, das Geschehen einzuordnen, stellte sich die Frage, die niemand beantworten kann: Warum? Die Freude am Leben war wie ausgelöscht. Am liebsten hätte sie das ganze Haus mit schwarzen Tüchern verhängt. Es herrschte ein großes Schweigen: »Mein Mann und ich, wir haben zusammen geweint. Aber es war so schlimm, dass wir mit den Kindern kaum sprechen konnten.«

Der Tod des kleinen Hartmut traf die ganze Familie: »Es war, als ob von einer vollen, schönen Baumkrone ein besonders schöner Zweig abgehauen worden wäre.«

Das Leben ging weiter, wie es so schön heißt, aber ganz anders als vorher. Die Liebe ihres Mannes half ihr durch diese schwere Zeit. Mit ihm konnte sie über alles sprechen, und er half ihr aus ihrer schweren Depression.

Vier Jahre nach dem Tod des kleinen Hartmut war es wieder etwas heller in Waltrauts Leben geworden. Es war auch wieder Frühling. Ihr Mann brach zu einer Radtour auf. Sie verabschiedete sich mit einem Kuss von ihm. Es war der letzte Kuss, den sie ihm geben konnte. Waltrauts Mann starb unterwegs an einem Herzinfarkt, völlig überraschend, im Alter von nur 50 Jahren. Die Polizei überbrachte ihr die Nachricht.

Als sie dann vor ihrem Mann stand, war die Wärme des Lebens bereits aus seinem Körper gewichen. Sie war unfähig zu begreifen, was sie sah: »Er war eiskalt, aber er sah gar nicht aus wie ein Toter.« Konnte es wirklich sein, dass jetzt auch noch er gestorben war? Nach 22 Ehejahren war der gemeinsame Lebensweg zu Ende. Und es gab kein Zurück. Aber vorwärts wollte sie auch nicht mehr. »Ich wollte sterben. Aber ich wusste auch: Ich darf die Kinder auf gar keinen Fall alleine lassen.« Die Kinder brauchten sie jetzt, mehr als jemals zuvor. Sie waren alle noch im Haus, ein Mädchen und drei Jungen, 14, 16, 18 und 19 Jahre alt. Sie versuchten, ihre Mutter durch kleine Gesten ein wenig aufzuheitern. Sie ertrugen es nicht, dass sie weinte.

Waltraut versuchte weiterzuleben, so gut es ging. Aber es war denkbar schwer. In jeder Hinsicht. Sie musste auch noch das gemeinsam bewohnte Haus räumen, die vertraute Umgebung verlassen, sich von vielen liebgewordenen Dingen trennen. Und die Sprachlosigkeit vieler »Mitmenschen« aushalten. »Es war eine furchtbare Zeit. Jeder kannte mich, jeder starrte mich an.« Trauer macht untröstlich. Und das Paradoxe an ihr ist, dass der einzige Mensch, der Trost geben könnte, meist gerade der ist, um den man trauert. »Nach dem Tod des kleinen Hartmut haben wir zusammen geweint«, erinnert sich Waltraut an die Nähe ihres Mannes: »Jetzt musste ich alleine weinen.«

Es dauerte lange, bis Waltraut wieder auf Menschen zugehen konnte. Nach einiger Zeit ging sie halbtags arbeiten. Die Kinder waren fast erwachsen und schmiedeten Zukunftspläne. Der 21-jährige Markus wollte Meteorologe werden. Mathematik war seine Leidenschaft. Er spielte Klavier, die 18-jährige Katrin Gitarre. Seine Schwester zählte zu den Klassenbesten, und sie liebte die Natur, besonders die Vögel. Sie wollte ihre Abitur-Facharbeit über Vogelstimmen schreiben. Jeden Morgen nahm sie ihren Kassettenrekorder und fuhr in aller Herrgottsfrühe mit dem Rad nach draußen, um Vogelstimmen aufzunehmen.

Auch auf dem Wasser waren die beiden gerne. An einem sonnigen Tag im Mai machten sie mit ihrem Boot einen Ausflug auf dem Main. Als Waltraut gegen Abend nach Hause kam, waren sie noch nicht zurück. Dafür hing ein Zettel an der Tür, dass sie zum Pfarrer kommen sollte. Man hatte das Boot gefunden. Von den Kindern keine Spur. »Wir sind dann am Main entlang gefahren, mit einer starken Lampe. Aber es war nichts zu sehen.« Waltraut ging nach Hause und wartete. Sie würden schon noch kommen. Es konnte ja nichts passiert sein. Markus hatte sogar seinen Rettungsschwimmerschein.

»Um Mitternacht habe ich plötzlich gespürt: Sie sind tot. Sie kommen nicht wieder«, erinnert sich Waltraut. »Ich habe Angst bekommen. Furchtbare Angst. Ich habe immerzu gebetet: Gott, verlasse mich nicht!« Markus und Katrin waren zu diesem Zeitpunkt schon tot. Ihr Boot war in einen Strudel unterhalb einer Schleuse geraten und hatte sie mit unter Wasser gedrückt. Die Leichen der Kinder wurden erst fünf Tage später gefunden.

Schon der Tod eines einzigen geliebten Menschen ist kaum zu begreifen. Was Waltraut ertragen musste, ist überhaupt nicht mehr zu verstehen, nicht mehr einzuordnen. Die Verzweiflung war grenzenlos, das restliche Empfinden wie ausgelöscht. »Ich konnte monatelang nicht beten«, sagt sie: »Aber ich werfe Gott nichts vor. Ich klammere mich an ihn und bitte ihn, mir durch den Tag zu helfen.«

Waltraut hat jeden Tag geweint, monatelang. 13 Jahre lang konnte sie nur mit Hilfe von Medikamenten weiterleben. Die Versuchung, ihrem Leben ein Ende zu machen, war groß. Aber sie konnte es den beiden überlebenden Jungen ihrer einst großen Familie nicht antun, dass sie nun auch noch die Mutter verlieren. Nur sehr wenige haben ihr durch diese schwere Zeit geholfen. Die meisten Menschen können Trauer nicht aushalten, gehen ihr aus dem Weg. Hilfsangebote wie zum Beispiel den Gesprächskreis »Verwaiste Eltern« gab es damals noch nicht, beklagt Waltraut: »Es wäre furchtbar wichtig gewesen, dass sich jemand zu uns gesetzt, mit uns gesprochen, mit uns getrauert hätte. Wir hätten dringend Hilfe gebraucht.«

Die Zeit heile alle Wunden, sagen viele, die Trauernde trösten wollen. Sie sollten lieber schweigen. Waltraut ist der lebende Beweis dafür, dass die Zeit nicht alle Wunden heilt. Auch mehr als 20 Jahre nach diesen schweren Schicksalsschlägen kommen ihr noch die Tränen, wenn sie erzählt, was gewesen ist. Wenn sie sich an die Lebendigkeit ihrer Lieben erinnert, die nicht mehr leben. »Als junge Frau, als die Kinder kamen, war ich so glücklich, wie ich es mir nie hätte vorstellen können.« Doch auch der Schmerz der Trauer, der von ihr Besitz ergriff, war unvorstellbar. Die Erinnerungen sind kostbar. Aber das Glück, das sie erleben durfte, kann sie über den Verlust nicht hinwegtrösten: »Man kann sich nicht damit abfinden, wenn das, was einem alles bedeutet, plötzlich weggenommen wird.«

Waltraut ist heute 72 Jahre alt. Sie hat gelernt, mit ihrer Trauer zu leben. Ihre Trauer hat sich verwandelt, aber sie ist immer noch da. Wie könnte es auch anders sein. Viele Menschen, zu denen sie Kontakt hat, meinten schon vor langem, dass es mit der Trauer jetzt langsam gut sein müsste. Aber es war nicht gut. Es ist nicht gut. Es wird nie wieder richtig gut. Ihr Mann, der kleine Hartmut, Katrin und Markus fehlen ihr, immer noch

und immer wieder, ebenso all die verlorenen gemeinsamen Jahre, die nicht mehr waren.
Die Sehnsucht spürt sie immer noch ganz stark. Und die will sie sich bewahren. »Ich vermisse sie. Sie sind es wert, dass ich um sie trauere. Auch wenn sie nicht mehr da sind, bedeuten sie mir viel. Sie haben noch ihren Platz in meinem Leben.« Auch die Liebe hat noch einen Platz in Waltrauts Leben: »Solange wir die Toten liebhaben, um sie weinen, sind sie noch gegenwärtig.« Diese Liebe trägt sie weiter. Die Liebe, die Hoffnung, und der Glaube an die Ewigkeit.

Das Zeichen einer tiefen Verbindung

Für manche ist ein Grab nur ein toter Ort. Für viele ist es eine Stätte lebendiger Begegnung, die der Trauer Ausdruck gibt.

Es gibt wohl kaum einen Ort, der die Endgültigkeit des Todes so deutlich vor Augen führt wie der Friedhof. Tote sprechen nicht mehr, sie schlafen auch nicht: Sie sind nicht mehr lebendiger Teil dieser Welt, durch nichts mehr ins Leben zurückzuholen. Für manche, die einen geliebten Menschen verloren haben, ist der Gang zum Friedhof daher besonders schwer: Er konfrontiert sie mit dem Unabänderlichen. Für andere hat das Grab keine besondere Bedeutung: Sie fühlen sich ihren Toten eher an Orten des gemeinsamen Lebens oder in der Erinnerung nahe. Für viele aber ist das Grab ein zusätzlicher und sehr spezieller Ort des Gedenkens. Es vermittelt das Gefühl, einen Verstorbenen besuchen zu können – ein Gang, der mehr bedeutet als die stille Zwiesprache an anderem Ort. Es vermittelt auch das Gefühl, durch Pflege, Bepflanzung und Gestaltung dem Toten einen letzten Liebesdienst erweisen zu können. Zeichen der Liebe und Zuneigung, die sich über die Grenze des Todes hinwegsetzen.
Für Andreas Kalmutzki ist das Grab mehr als nur ein Platz auf dem Friedhof. Es ist ein lebendiger Ort für seine Trauer, für die Trauer seiner ganzen Familie. Der Kinderarzt aus Schwabach bei Nürnberg verlor seine Tochter Steffi durch ein Krebsleiden. Das Mädchen wurde nur 13 Jahre alt. Er, seine Frau und seine beiden Söhne werden Steffi nie vergessen. Sie ist Teil der Familie und wird es immer bleiben. Kalmutzki wollte

diese Verbindung auch auf andere Weise sichtbar machen. »Viele Gräber auf Friedhöfen erzählen Geschichten«, sagt Kalmutzki: »Ich wollte auch für meine Tochter ein Grab, das eine Geschichte erzählt.«
Steffis kurzes Leben steckte voller Erlebnisse und intensiver Erfahrungen. Sie war ein fröhliches, aufgewecktes, interessiertes Kind. Sie malte gerne und las viel, schrieb Texte, die ihr besonders gut gefielen, in ein großes Heft. Sie hatte viele Freundinnen. Nachdem sie längere Zeit über Schmerzen im Bein geklagt hatte, sollte eine Computertomographie Klarheit bringen. Zwei Tage vor ihrem zwölften Geburtstag wurde bei Steffi ein großer Tumor festgestellt. Diagnose: Knochenkrebs in fortgeschrittenem Stadium.
Steffi wollte wieder gesund werden. Sie ließ sich nicht entmutigen – nicht durch die Diagnose, nicht durch Operation und Chemotherapie. Sie lernte auch im Krankenhaus, las und ließ sich von ihren Freundinnen, die sie oft besuchten, vorlesen. Sie verlor ihren Humor nicht einmal, als sie im Rollstuhl saß und eine Perücke trug, weil sie durch die Chemotherapie ihre Haare verloren hatte. Einmal, als eine Freundin sie im Rollstuhl durch die Stadt fuhr, wurden sie von einem älteren Herrn ermahnt, weil er dachte, die beiden jungen Mädchen machten sich nur einen Spaß. Steffi hob die Perücke zum Gruß, ließ ihren kahlen Kopf sichtbar werden – und lachte.
Steffi starb am Ostersamstag 1993, zu Hause bei ihrer Familie. »Wir haben uns einen Tag lang Zeit genommen, um uns von ihr zu verabschieden«, sagt ihr Vater. Diese Zeit war für alle wichtig. Mit seiner Frau hat er seine Tochter dann in den Sarg gebettet. Auch Steffis Brüder, damals zehn und zwölf Jahre alt, haben mitgeholfen. Nach Steffis Tod brach die Trauer mit aller

Macht über Andreas Kalmutzki herein. Er hatte das Gefühl, nicht mehr auf festem Boden zu stehen. »Aber nicht der Tod war die entscheidende Zäsur, sondern der Moment der Diagnose«, erinnert er sich: »Man stirbt selbst tausend Tode, wenn das Leben eines geliebten Menschen gefährdet ist.«

Dennoch ist Kalmutzki dankbar für diese Zeit, so schwer sie auch war. Ein Kind plötzlich und unerwartet durch einen Unfall zu verlieren sei vermutlich noch schlimmer, sagt er. Daher versucht er, das Schicksal seiner Tochter, seiner Familie, nicht als vom Rest der Welt isoliert zu betrachten. Noch heute versagt ihm manchmal vor Traurigkeit die Stimme, wenn er von Steffi erzählt, sich an ihre Lebendigkeit erinnert. Aber er weiß, dass er nicht der einzige Mensch ist, dem Leid widerfährt. »Manche haben mich gefragt: Warum ist gerade Ihre Tochter krank geworden, Sie sind doch Arzt?« Kalmutzki hat sich selbst die Gegenfrage gestellt: »Warum sollte es gerade meine Tochter nicht treffen?«

Die Familie ist während Steffis Krankheit noch enger zusammengerückt. Und sie steht auch nach ihrem Tod zusammen. Im Leben – und am Grab. Auf dem Schwabacher Friedhof, wo Steffi begraben liegt, sind fünf lebensgroße Holzfiguren zu sehen: zwei Erwachsene, drei Kinder – das jüngste sitzt auf einem Steinkreuz und hält einen Ball in der Hand. Sogar der Hund der Familie wacht als Holzfigur am Kindergrab. Wie bei einem Familienausflug sind die geschnitzten Figuren um Steffis Grab gruppiert. Es ist ein Bild des Lebens an einem Ort des Todes.

Andreas Kalmutzki wollte für das Grab seiner Tochter keinen Stein, auf dem nur ein Name steht. »Ich wollte etwas Lebendiges, das Nähe und Geborgenheit vermittelt.« Die Idee setzte der Schwabacher Bildhauer Clemens Heinl nach gemeinsamen Überlegungen auf ungewöhnliche Weise um. Friedhofsordnungen, zuweilen Ausdruck kleingeistiger Bürokratie, machen oft genaue Vorschriften zur Gestaltung von Grabdenkmälern, ohne sich um die Wünsche Hinterbliebener zu kümmern. Andreas Kalmutzki hat in dieser Hinsicht keine negativen Erfahrungen gemacht. Der Gestaltungsspielraum auf dem alten Teil des Schwabacher Friedhofs ist groß und Heinl ein bekannter, mit mehreren Preisen ausgezeichneter Künstler. »Ich hatte keine Probleme, die Figuren aufzustellen«, erinnert sich Kalmutzki: »Der Stadtbaurat war sogar hellauf begeistert.«

Die Reaktionen auf das Grab waren überwiegend positiv. Manche haben sich gewundert, viele waren sehr berührt. »Das Grab fordert zum Nachdenken heraus, und das soll es auch«, sagt Kalmutzki. »Die Vorübergehenden sollen sich fragen: Was war das für ein Mensch, der hier beerdigt ist, wen hat er zurückgelassen?« Steffis Grab erzählt eine Geschichte, und es ist ein Ort der Begegnungen. »Meine Frau kommt regelmäßig, um es zu bepflanzen und zu richten«, erklärt Kalmutzki: »So, wie sie Steffis Zimmer aufgeräumt hat, räumt sie jetzt ihr Grab auf.«

Für Andreas Kalmutzki war es wichtig, auch durch das Grab seiner Trauer Ausdruck geben zu können. Er fühlt sich so Steffi näher. Und er wollte auch seiner Tochter durch die Figuren der Familie ein letztes Mal Nähe schenken. So ist ein ganz besonderer Ort entstanden, der zwei Welten miteinander verbindet: die der Lebenden und die der Toten.

Jeder Mensch ist einzigartig. Jede Trauer um einen geliebten Menschen ist einzigartig. Warum sollte nicht auch jedes Grab, das an einen Menschen erinnert, einzigartig sein?

Mit Kindern der Trauer begegnen

Auch Kinder werden mit dem Tod geliebter Menschen konfrontiert. Ehrliche Antworten, Liebe und Zuwendung helfen ihnen dabei, das Unbegreifliche einzuordnen und anzunehmen.

Das Abschiednehmen, die Loslösung von Vertrautem, ist ein ständiger Begleiter unseres Lebens. Die Angst vor der Trennung, die Suche nach verlorener Nähe kennen wir seit unserer Geburt. Ein Baby schreit nach seiner Mutter, wenn es sie nicht sieht, hört oder spürt. Es ist traurig, hat Angst davor, allein gelassen zu werden. Diesen Schmerz spüren auch ältere Kinder, wenn ein Abschied für eine bestimmte Zeit bevorsteht. Was aber, wenn der Abschied für immer ist?

Wenn ein geliebter Mensch gestorben ist, bleiben Kinder manchmal hilflos und verstört zurück. Sie trauern. Kinder brauchen Hilfe und Orientierung, wenn der Tod ins Leben tritt. Sie spüren, dass etwas nicht stimmt, auch wenn sie noch nicht begreifen können, was vor sich geht. Sie spüren die Traurigkeit, veränderte Verhaltensweisen in ihrer Umgebung. Kinder betrachten den Tod oft als nur vorübergehende Abwesenheit einer geliebten Person. Wo ist der Opa hingegangen? Wann kommt die Mama wieder? Viele Kinder hoffen auf eine Antwort, die alles wieder gut macht. Aber manchmal gibt es diese Antwort nicht.

Christine Reitmeier und Waltraud Stubenhofer wurden mit dem Tod ihrer Mütter konfrontiert, als beide noch Kinder waren. »Auf gewisse Weise war für mich die Kindheit damals vorbei«, sagt Christine Reitmeier. Waltraud Stubenhofer empfand den Tod ihrer Mutter als »tief einschneidendes Erlebnis, das mein ganzes Leben verändert hat«. Christine Reitmeier, Sozialpädagogin, schrieb ihre Diplom-Arbeit über das Thema Kindertrauer. Waltraud Stubenhofer, Diplom-Psychologin, arbeitet heute als Familientherapeutin. Zusammen haben beide das Buch »Bist du jetzt für immer weg?« geschrieben, das Eltern dabei helfen soll, Kinder in ihrer Trauer zu begleiten.

Kinder begegnen dem Tod immer wieder. Wenn ein Haustier oder ein Nachbar stirbt, haben sie Fragen. Wenn ein naher Angehöriger stirbt, erfahren sie – je nach ihrer Beziehung zu dieser Person – einen Bruch in ihrer eigenen Lebenswelt. Wenn der Vater oder die Mutter stirbt, wird ihre Sicherheit, stets umsorgt und behütet zu werden, ihr Ur-Vertrauen, dass es das Leben gut mit ihnen meint, erschüttert. »Kinder werden mit einer Situation konfrontiert, für die sie noch nicht reif, durch das Leben noch nicht vorbereitet sind«, sagt Reitmeier. Die vertrauten Bezüge des Alltags brechen auseinander. Häufig ist der überlebende Elternteil von der eigenen Trauer wie gelähmt und nicht in der Lage, Kinder zu begleiten. »Andere vertraute Bezugspersonen können dann sehr hilfreich sein«, so Stubenhofer.

Psychologen haben versucht, das Trauer-Erleben von Kindern in verschiedene Altersgruppen einzuteilen. Zu Recht, denn ein Kleinkind erlebt den Tod einer geliebten Person anders als ein Teenager, hat andere Fragen, Sorgen und Bedürfnisse. Wie wir einem trauernden Kind helfen können, hängt aber nicht allein vom Alter ab. »Jedes Kind trauert anders. Es gibt kein Schema«, sagt Waltraud Stubenhofer. Die Begegnung mit dem Tod, etwa wenn ein Nachbar stirbt, kann ein Kind nur nachdenklich machen. »Wenn aber eine zentrale Bezugsperson stirbt, werden seine Lebenszusammen-

hänge auseinander gerissen. Dann braucht ein Kind besonders viel Nähe, Schutz und Zuwendung, damit es trauern und sich neu orientieren kann.«
Kinder trauern anders als Erwachsene. Sie weinen, sind traurig, und wenig später lachen sie wieder, wollen etwas Lustiges unternehmen, scheinen alles vergessen zu haben. Dieses Verhalten irritiert Erwachsene, lässt sie glauben, Kinder nähmen alles nicht so schwer oder wollten den Tod eines lieben Menschen von sich wegschieben. Dieser Eindruck täuscht. »Kinder leben in anderen Zeiträumen«, erklärt Reitmeier: »Erwachsene haben Vergangenheit, Gegenwart und Zukunft zugleich im Blick. Kinder leben ganz in der Gegenwart: Wenn sie traurig sind, sind sie dies so sehr, dass sie weinen oder schreien. Sie können aber schnell wieder fröhlich sein, sich etwas anderem zuwenden.«
Auch Schuldgefühle können Kinder plagen, wenn sie glauben, für den Tod eines Angehörigen verantwortlich zu sein. Die Mutter hat ihnen manchmal entnervt gesagt: »Du bringst mich noch ins Grab.« Jetzt denken sie, sie sei gestorben, weil sie sie oft geärgert haben. Oder sie glauben, der Opa ist tot, weil sie ihm einmal im Spaß gesagt haben, er solle jetzt tot sein. Kinder bauen sich aus der Realität und ihrer Fantasie oft eigene Erklärungen zusammen. »Dann ist es sehr wichtig, einem Kind gut zu erklären, warum ein Mensch gestorben ist, und dass es nicht an dem Tod schuld ist«, sagt Stubenhofer.
Die Fragen von Kindern nach dem Tod sind konkret. Die Antworten, die sie erhalten, sind es meist nicht. Verharmlosende Umschreibungen schaden oft mehr, als dass sie nützen. Wenn wir Kindern erklären, ein Mensch sei »eingeschlafen« oder »an einen besseren Ort gegangen«, können Kinder damit wenig anfangen.

Sie bekommen vielleicht selbst Angst vor dem Einschlafen oder möchten auch »an einen besseren Ort gehen«, wo sich der geliebte Tote jetzt befindet. Kinder nehmen vieles wörtlich, denn sie haben ein anderes Sprachverständnis. Nicht jeder gut gemeinte Trost ist daher tröstlich für sie. Kinder brauchen Erklärungen, die sie verstehen können. Und sie brauchen – wie Erwachsene – Nähe und Geborgenheit, um das Schwere annehmen zu können.
Weil wir selbst nicht gelernt haben, über Tod und Trauer zu sprechen, wissen wir oft auch nicht, was wir Kindern sagen sollen. Es ist aber wichtig, den Tod nicht totzuschweigen. Kinder merken sehr oft, dass Gespräche über den Tod vermieden werden. Das macht sie hilflos und hat auch Einfluss auf ihr eigenes Verhalten im späteren Leben. Wenn wir selbst keine Tränen und Gefühle zeigen, glauben Kinder, dass sie sich ebenso verhalten sollen. Aber Kinder brauchen die Erlaubnis zu trauern. »Wir sollten ihnen Gespräche über den Tod nicht aufzwingen«, sagt Christine Reitmeier: »Aber Kinder stellen selbst Fragen. Dann brauchen sie jemanden, der ihnen zuhört, jemanden, der mit ihnen spricht.«
Waltraud Stubenhofer rät, genau hinzuschauen, was ein Kind in seiner jeweiligen Situation braucht. Kindern hilft es, zu sehen, dass auch Erwachsene trauern, dass Tränen nichts Verbotenes sind. Bewusstes Verabschieden von einem Toten, die Teilnahme an der Beerdigung und gemeinsame Besuche am Grab können Kindern dabei helfen, die Realität des Todes zu begreifen. Kinder sind oft erleichtert, wenn sie angeregt werden, ihre Gefühle zu malen, auf Papier zu bringen. Kinder erfahren Trost, wenn sie Geschichten vorgelesen bekommen oder selbst Kinderbücher lesen, die Tod und Trauer zum Thema haben.

Wichtig ist auch die Erinnerung an eine geliebte Person, die gestorben ist. Sie kann durch Erzählungen oder das gemeinsame Anschauen von Fotos gepflegt werden. Kinder beruhigt es, zu wissen, dass sie geliebt wurden, auch wenn ihnen der Tote diese Liebe nun nicht mehr selbst zeigen kann. Und es tröstet sie, zu wissen, dass auch sie einen Menschen weiter liebhaben können, selbst wenn er nicht mehr lebt.

Wer dem eigenen Tod entgegensieht

Nicht nur Menschen, die eine geliebte Person verloren haben, trauern. Auch Sterbende trauern, denn sie müssen von ihrem Leben, von ihren Lieben, von sich selbst Abschied nehmen.

Die Trauer ist kein Verhalten, das sich wie ein Kleidungsstück an- und ablegen lässt. Sie ist eine seelische Erschütterung, die sich des Menschen bemächtigt. Sie entwickelt sich tief in seinem Inneren – unabhängig von der Abfolge äußerer Ereignisse. Die Trauer ist eine Folge des Todes – aber oft auch sein Vorbote. Wenn ein geliebter Mensch im Sterben liegt oder erfährt, dass er an einer Tod bringenden Krankheit leidet, hat der Abschied schon begonnen. Das Wissen um den bevorstehenden Verlust, die Ankündigung der Trennung, die Ahnung künftigen Leids stürzt viele Menschen in Trauer, noch bevor der Tod wirklich da ist. Auch Sterbende spüren diese Trauer. Denn den Schmerz des bevorstehenden Abschieds fühlen die, die gehen müssen, ebenso wie die, die bleiben.

In dieser schweren Zeit bedeutet menschliche Nähe mehr als je zuvor. Doch viele müssen auf sie verzichten, sterben einen einsamen Tod. 80 Prozent aller Menschen in Europa sterben Untersuchungen zufolge in Krankenhäusern und Pflegeeinrichtungen. Viele Ärzte und Pflegekräfte sind nicht wirklich darauf vorbereitet, den Bedürfnissen Sterbender entgegenzukommen. Schmerzmittel helfen gegen körperliche Beschwerden. Sie helfen nicht gegen die Einsamkeit. Ärzte sehen als medizinische Fachleute leider allzu oft nur einen Körper, der sich nicht mehr heilen lässt. Sie sehen in dem

Patienten die Krankheit, nicht den ganzen Menschen, der ihre Zuwendung bräuchte. Pflegekräfte sind, selbst wenn sie dies möchten, meist zu beschäftigt, um Sterbenden ausreichend Zeit und menschliche Nähe zuteil werden zu lassen. Und Angehörige sind es oft auch – oder sie tun zumindest so, weil sie nicht die Kraft haben, die quälende Situation mit auszuhalten.

Bei unheilbar kranken Menschen, die wissen und spüren, dass sie sterben werden, setzt der Abschied vom Leben oft schon früh ein. Leben – das bedeutet ja sehr viel mehr, als am Leben zu sein. Dies erfahren alte Menschen, die plötzlich ans Bett gefesselt sind, und jüngere Menschen noch stärker. Sie sehen sich plötzlich mit einer völlig neuen Situation konfrontiert. Ihre berufliche und private Rolle, Quelle ihres Selbstwertgefühls, Aufgabe und Ansporn zugleich, können sie nur noch teilweise oder gar nicht mehr ausfüllen. Eine unheilbare Krankheit, verbunden mit Schmerzen und anderen Beeinträchtigungen, zerstört nicht nur das körperliche Wohlbefinden, sondern den ganzen Lebenszusammenhang. Im Krankenhaus dringt dies noch schmerzlicher ins Bewusstsein als zu Hause. Statt der gewohnten Aktivitäten gibt es nur noch Mahlzeiten zu bestimmten Uhrzeiten, Waschen, Umbetten und Infusionswechsel, die Arztvisite mit wenig erbaulichen Neuigkeiten, die Beobachtung des ein- und ausgehenden Pflegepersonals, das Warten auf den nächsten Tag, an dem sich all das wiederholt, bis irgendwann einmal der nächste Tag der letzte ist.

Unheilbar Kranke vermissen nicht nur das Leben, das sie gewohnt sind. Sie wissen – und das ist viel schlimmer –, dass sie nie mehr in ihr gewohntes Leben zurückkehren können. Sterbende werden schon zu Lebzeiten mitten aus ihrem Leben herausgerissen. Sie trauern nicht nur um den Verfall ihres einst funktionierenden Körpers, sondern um den Verlust von so vielen Dingen, die einmal Bestandteil ihrer Persönlichkeit, ihres Selbstbildes waren. Sie trauern um all die Pläne, die sich nicht mehr verwirklichen lassen, um all die Wünsche, die nicht mehr erfüllt werden können, um all das Leben, das nicht mehr sein wird.

»Keiner wird gefragt, wann es ihm recht ist, Abschied zu nehmen von Menschen, Gewohnheiten, sich selbst«, schreibt Margot Bickel in einem Gedicht: »Irgendwann, plötzlich, heißt es damit umzugehen, ihn aushalten, diesen Abschied, diesen Schmerz des Sterbens, dieses Zusammenbrechen.«[5] Das Leben eröffnet viele Wege. Auch die Trauer bietet Wege für jene, die sie gehen wollen. Aber der bevorstehende Tod ist eine ausweglose Situation. Er konfrontiert Sterbende mit der unbegreiflichen Tatsache, als Person bald nicht mehr zu existieren. Religiöse Menschen mögen Kraft und Zuversicht finden im Glauben an das versprochene ewige Leben. Aber auch sie wissen, dass sie als die Person, die sie jetzt sind, von der ihnen vertrauten Welt, in die sie hineingeboren wurden, und von geliebten Menschen Abschied nehmen müssen.

Wer seinem eigenen Tod entgegensieht, empfindet seelische Schmerzen oft als noch belastender und beunruhigender als körperliches Leid. Die Menschen sind verschieden, und so unterschiedlich sind auch ihre Ängste und Hoffnungen. Manche haben Angst vor dem Tod. Andere fürchten nicht den Tod, sondern das Sterben. Da wir über die letzten Dinge nichts wissen, sondern nur glauben und hoffen können, überfällt viele die Angst vor dem Ausgeliefertsein an das Unbekannte, das der Tod darstellt. Das Ausmaß der Traurigkeit über den Verlust des Lebens, den Verlust von Beziehungen können wir nur erahnen. Wir wissen, was es bedeutet, zurückbleiben zu müssen. Aber wir wissen nicht, was es heißt, Abschied von sich selbst, seiner Persönlichkeit, seinen Plänen nehmen zu müssen und von geliebten Menschen, deren Leben weitergeht.

Der Tod macht Angst. Und wir haben Angst, über ihn zu sprechen – selbst wenn er sich nicht mehr verleugnen lässt. Diese Verdrängung ist meist kein bewusst gewählter Weg, sondern ein Schutzmechanismus der Seele. Es braucht Zeit und Kraft, das Unbegreifliche an uns heranzulassen – besonders bei einer plötzlich auftretenden und schnell voranschreitenden Krankheit. Selbst wenn wir nach einer gewissen Zeit innerlich dazu bereit sind, über Tod und Trennung zu sprechen, können wir dies oft nicht. Die Liebe zu dem Menschen, der im Sterben liegt, hält uns davon ab. Wir haben Angst davor, den Menschen, den wir vor Schlimmem schützen, dem wir helfen wollen, noch tiefer in Verzweiflung zu stürzen, all seine Hoffnungen zunichte zu machen. Dem Sterbenden geht es oft ebenso, denn er weiß um unsere Trauer und wird zum Komplizen unseres Schweigens, um uns selbst nicht weh zu tun.

Es gibt kein Rezept für einen richtigen Umgang mit dem Tod. Schweigen kann verhängnisvoll, aber auch eine Quelle des Trostes, manchmal sogar eine besonders innige Form des Miteinanders sein – wenn es ein wissendes Schweigen ist, eingebunden in menschliche Nähe, die Sterbende und Angehörige verbindet. Schweigen wird aber dann zur Belastung, wenn wir uns gegenseitig wider besseres Wissen etwas vormachen, wenn wir uns als Angehörige weigern, uns in die ausweglose Situation von Sterbenden hineinzuversetzen. Sterbende spüren irgendwann, dass ihr Ende naht. Wir können ihnen nichts vormachen. Wir können nur uns selbst etwas vormachen. Wenn wir unsere eigenen Augen verschließen vor dem Tod, den Sterbende meist klar vor Augen haben, machen wir ihre Einsamkeit nur noch größer.

Bei Menschen, die wissen, dass sie bald sterben werden, gehen die Uhren anders. Sie leben in einer anderen Zeit. Sie verlieren oft das Interesse an dieser Welt, die bald nicht mehr die ihre sein wird, ziehen sich immer mehr in sich selbst zurück. Wir können Sterbenden beistehen, aber wir können sie nicht begleiten. Sterbebegleitung ist eigentlich ein Ding der Unmöglichkeit. Das macht ja gerade die Schwierigkeit der Situation aus: Sterbende wissen, dass sie alleine gehen werden, und die »Begleiter« wissen, dass sie hier bleiben.

Die Wege trennen sich. Aber wir können diesen Weg so lange gemeinsam gehen, wie es möglich ist. Ein geliebter Mensch, der im Sterben liegt, sollte unsere Bereitschaft spüren, mit ihm über Angelegenheiten zu sprechen, die ihm am Herzen liegen. Aber er braucht nicht unbedingt Gespräche. Er braucht vor allem unsere Nähe und das Gefühl, in unserer Liebe und Gegenwart aufgehoben und geborgen zu sein.

Die Gewissheit der bevorstehenden Trennung ist sehr schwer zu ertragen. Aber liebevolle Nähe bis zum Ende kann dem Tod etwas von seinem Schrecken nehmen, kann für alle Beteiligten, die diese schwierige Situation aushalten müssen, Hilfe und Trost sein. Für Angehörige und Freunde, weil sie dem Sterbenden ein letztes Mal ihre Liebe und Wertschätzung zeigen können. Und für Sterbende, die diese Zuwendung erfahren, weil sie in der Gewissheit leben und von uns gehen können, dass sie nach ihrem Tod eben nicht ausgelöscht sind, sondern in den Menschen weiterleben werden, die sich jetzt so um sie bemühen.

Die ersten Tage des Abschiednehmens

»Unglaublich, wie erträgt ein Herz
Was schon zu denken unerträglich.«[6]

(Friedrich Rückert)

Wenn ein Leben zu Ende gegangen ist

Nach dem Tod eines geliebten Menschen werden Angehörige nicht nur mit dem Schmerz des Verlusts konfrontiert. Sie müssen auch viele Aufgaben bewältigen.

Die Trauer lähmt. Das Leben nimmt darauf kaum Rücksicht. Viele Menschen möchten nach dem Tod einer geliebten Person mit ihrem Schmerz allein sein. Doch sie müssen in dieser schweren Zeit Angehörige und Freunde benachrichtigen, zahlreiche Formalitäten erledigen und Entscheidungen treffen. Ämter fordern Bescheinigungen, und die Beisetzung muss in die Wege geleitet werden. Im Folgenden gebe ich eine Übersicht über die wichtigsten Dinge, die als erstes zu tun sind, wenn ein Angehöriger stirbt.

- Wenn der Todesfall zu Hause eintritt, muss ein Arzt verständigt werden, der den *Totenschein* ausstellt. Auf der Bescheinigung werden die Uhrzeit und die Ursache des Todes festgehalten.
- Der nächste Schritt ist in der Regel die Benachrichtigung eines *Bestattungsinstituts*, um Zeitpunkt und Rahmen der Beisetzung zu besprechen. Wenn Sie es möchten, wird Ihnen der Bestatter in all den Dingen, die in den nächsten Tagen zu erledigen sind, behilflich sein und Ihnen auch viele Behördengänge abnehmen.
- Der Todesfall muss beim zuständigen Standesamt gemeldet werden, das dann die *Sterbeurkunde* ausstellt. Hierfür werden neben dem Totenschein, dem Personalausweis und der Geburtsurkunde die Heiratsurkunde (wenn der Verstorbene verheiratet war), das Scheidungsurteil (wenn der Verstorbene

geschieden war), die Heiratsurkunde und Sterbeurkunde des Ehepartners (wenn der Verstorbene verwitwet war) benötigt. Die Sterbeurkunde sollte in mehreren Exemplaren ausgefertigt werden, da das Papier später noch zur Vorlage bei anderen Institutionen (zum Beispiel bei Versicherungen, Bank, Arbeitgeber etc.) benötigt wird.

- Wenn der Verstorbene keine eigenen Wünsche geäußert hat, obliegt es Ihnen, die *Bestattungsform* festzulegen. Am verbreitetsten ist die Erdbestattung, gefolgt von der Feuerbestattung als Urnenbeisetzung, der Seebestattung und anonymen Bestattung in einem Urnenfeld.
- Über den *Ort der Beisetzung* muss entschieden werden. In der Regel wird dies der Wohnort des Verstorbenen sein. Aber auch die Beisetzung in einem Familiengrab andernorts ist nach Einholung einer Genehmigung möglich.
- Der *Zeitpunkt der Beisetzung* ist festzulegen. Hierfür gibt es bestimmte Fristen: Nach dem Bestattungsrecht darf eine Beerdigung in den meisten Bundesländern frühestens 48 Stunden nach dem Todesfall erfolgen, sie muss dagegen innerhalb von 96 Stunden (vier Werktage) erfolgt sein. Ausnahmen sind möglich, bedürfen jedoch einer Genehmigung.
- Viele Tätigkeiten nach einem Todesfall können Sie selbst übernehmen. Die *Überführung des Toten* zum Friedhof oder ins Krematorium muss jedoch durch ein Bestattungsinstitut erfolgen. Für den Transport ist ein vom Amt für öffentliche Ordnung zugelassener Leichenwagen vorgeschrieben.
- Der Bestatter wird mit Ihnen alle weiteren Einzelheiten – wie die Auswahl des Sarges oder des Blu-

menschmucks – und den *Rahmen der Beisetzung* besprechen: Sie können entscheiden, ob Sie eine kirchliche Bestattung mit Gottesdienst oder eine Trauerfeier ohne religiösen Beistand wünschen.

- Die *Bekanntgabe des Todesfalls* kann auf unterschiedlichen Wegen erfolgen. Als erstes sollten Sie Angehörige und Freunde benachrichtigen. Während Trauerbriefe nur an einen engeren Kreis verschickt werden, erreicht die Todesanzeige in der Zeitung in der Regel sehr viele Menschen. Auf diesem Wege können Sie auch Ort und Zeitpunkt der Beerdigung mitteilen. Sie entbinden sich damit von der Pflicht vieler Anrufe.

Manche Entscheidungen, die Sie treffen werden, hängen auch von den Kosten ab. In den Gesprächen mit Bestattungsunternehmen oder Steinmetzbetrieben sollten Sie sich daran erinnern, dass der Preis des Sarges oder Grabsteines kein Gradmesser ist für Ihre Liebe zu der gestorbenen Person. Neben den Ausgaben für Blumenschmuck, Sarg, Todesanzeige und andere Dinge – wie eine eventuelle Bewirtung der Trauergäste – erwarten Sie folgende Kosten:

- Die *Kosten des Bestattungsinstituts*: Dazu zählen unter anderem die Einsargung des Toten, die Überführung zum Friedhof und die Kosten für die Erledigung amtlicher Formalitäten.
- Die *Bestattungsgebühren* sind von Stadt zu Stadt verschieden. Sie werden für anlässlich der Bestattung erbrachte Leistungen wie Grabbereitung und Sargträger berechnet.
- Die *Grabnutzungsgebühren* sind in den Bestattungsgebühren nicht enthalten. Gräber können in der Regel nicht gekauft werden: Es wird lediglich ein Nutzungsrecht für eine bestimmte Zeit erwor-

ben, das nach Ablauf dieser Frist verlängert werden kann.

- Ein *Grabstein* kann bei einem Steinmetz- oder Bildhauerbetrieb in Auftrag gegeben werden. Die Kosten hierfür hängen von Größe, Material und Gestaltung ab. Auch bei schlichten Grabsteinen ist jedoch oft mit einem Preis von mindestens 1000 Euro zu rechnen. Zudem wird von der zuständigen Friedhofsverwaltung meist eine Gebühr für die Aufstellung des Steins berechnet. Zu beachten ist auch, dass Friedhofssatzungen zuweilen genaue Vorschriften in Bezug auf die Ausdehnung der Grabstelle sowie auf die Größe, Art und Gestaltung des Steins machen. Genaueres ist bei der jeweiligen Friedhofsverwaltung zu erfahren.

Die Bedeutung der letzten Begegnung

Was können wir noch tun, wenn ein Mensch gestorben ist? Trotz vieler Vorschriften und Fristen gibt es Möglichkeiten des persönlichen Abschieds.

Nach einem Todesfall sind viele Dinge zu erledigen. Die Zeit drängt. Manches ist unaufschiebbar. Doch was ist wirklich wichtig? Die meisten Menschen sind mit der Erfüllung praktischer Aufgaben beschäftigt, die an sie herangetragen werden. Sie vergessen dabei, dass die kurze Zeit zwischen Tod und Beisetzung die einzige Möglichkeit bietet, dem Toten noch einmal nahe zu sein, um Abschied zu nehmen.

Früher war die Begleitung eines Menschen bis zur Beerdigung Aufgabe der Familie und Gemeinschaft. Der Tote wurde zu Hause aufgebahrt, von Angehörigen gewaschen und versorgt und blieb im Kreis der Familie, bis er der Erde übergeben wurde. Der Brauch der Totenwache diente dem Gebet und dem gemeinsamen Abschiednehmen. Familienangehörige und Nachbarn trugen auch den Sarg zum Grabe.

Heute ist vieles anders. Bestattungsunternehmen kümmern sich um fast jede Kleinigkeit. Für viele Menschen ist dies eine Erleichterung, weil ihnen der Umgang mit dem Tod fremd und unangenehm geworden ist. Viele verzichten darauf, sich die Person, um die sie trauern, noch einmal anzusehen. Sie möchten sie lieber so in Erinnerung behalten, wie sie zu Lebzeiten gewesen ist.

Andere finden es unsagbar schwer, sich so schnell von einer geliebten Person zu trennen. Sie möchten sie vor der Beisetzung noch sehen. Sie möchten die letzte Gelegenheit ergreifen, in ihrer Nähe zu sein. Nicht nur die

Trauer, auch der Abschied vom Körper eines geliebten Menschen braucht oft Zeit und einen geeigneten Raum. Ein Todesfall verunsichert. Viele Menschen wollen nichts falsch machen. Sie fragen, wie das zu tun ist, was nun zu tun ist. Sie orientieren sich an vorgegebenen Handlungsmustern, folgen Empfehlungen, die nicht immer und nicht unbedingt für jeden die besten sind. Und sie machen sich manchmal Vorwürfe, gewisse Dinge versäumt zu haben. Aber dann ist es zu spät.

Viele Institutionen setzen sich für einen menschlichen und unverkrampften Umgang mit dem Tod ein. Die Hospizbewegung ermutigt dazu, Trauer zu gestalten und Toten zum Beispiel durch Waschung und Einkleidung einen letzten Liebesdienst zu erweisen. Ein Papier der Deutschen Bischofskonferenz mit dem Titel »Unsere Sorge um die Toten und die Hinterbliebenen« aus dem Jahr 1995 bedauert, dass viele gesetzliche Regelungen den Tod aus der Öffentlichkeit verbannen. Durch die liebevolle Zuwendung zu einem Verstorbenen könnten Dank und Abschied Ausdruck finden.

Die Trauerbegleiter Lis Bickel und Daniela Tausch-Flammer plädieren in ihrem Buch »Wenn ein Mensch gestorben ist« für persönliche Formen des Abschiednehmens: »Es hilft uns, die Tatsache des Todes, die wir ja ohnehin kaum verstehen und annehmen können, etwas mehr zu begreifen.«[7] Manche Menschen spüren erst nach einer Beisetzung schmerzlich, was sie gerne getan hätten. Vieles mag heute nicht mehr üblich, kann aber dennoch richtig und wichtig sein.

- *Abschied zu Hause*: Wenn ein Mensch zu Hause gestorben ist, muss er nicht sofort von einem Bestattungsinstitut abgeholt werden, wenn Sie ihn noch bei sich behalten möchten. Eine Bestattung darf erst 48 Stunden nach Eintritt des Todes erfolgen.

- *Abschied im Krankenhaus*: Leider kommt es immer noch vor, dass Menschen nach ihrem Tod im Krankenhaus schnell in unwürdigen Räumlichkeiten oder in Kühlhäusern verschwinden. In vielen Einrichtungen ist der Umgang mit den Toten mittlerweile jedoch sensibler geworden, wird Angehörigen die Möglichkeit eingeräumt, sich in Ruhe von Verstorbenen zu verabschieden.
- *Versorgung*: Wenn Sie eine gestorbene Person waschen und einkleiden oder dabei behilflich sein möchten, ist dies grundsätzlich möglich. Ihr Bestatter kennt die genauen Bestimmungen darüber, was Tote tragen dürfen. Manchmal werden auch Grabbeigaben wie zum Beispiel Briefe und Fotos – bei Kindern Teddybären – mit in den Sarg gelegt.
- *Letzte Begegnungen*: Wenn Sie den Toten vor der Beisetzung noch einmal sehen möchten, muss Ihnen diese Möglichkeit eingeräumt werden. Leider mangelt es hierfür oft an würdigen und geeigneten Räumlichkeiten. Ort und Zeitpunkt dieser letzten Begegnung können sehr unterschiedlich sein. Mancherorts ist es möglich, einem gestorbenen Menschen ungestört in einer Kapelle oder Aufbahrungshalle nahe zu sein – auch am Abend oder am Wochenende. In den meisten größeren Städten dagegen gibt es für die letzte Begegnung genau festgelegte Zeiten. Außerdem werden Hinterbliebene heute oft durch eine Glasscheibe von ihren toten Angehörigen getrennt. Ein persönlicher Abschied wird durch diese unpersönliche und kalte Atmosphäre unmöglich gemacht. Falls es Ihr Wunsch ist, sollten Sie daher darauf bestehen, zum offenen Sarg vorgelassen zu werden.

Die Suche nach Worten der Trauer

Eine Todesanzeige zu entwerfen ist oft unsagbar schwer. Denn sie kann kaum all das ausdrücken, was Trauernde zum Ausdruck bringen möchten.

»Für die Welt warst Du irgendjemand. Aber für uns warst Du die ganze Welt.« Diese wenigen Worte in einer Todesanzeige lassen das Leid persönlicher Trauer erahnen. Aber sie sprechen auch von der Schwierigkeit der öffentlichen Bekanntgabe eines Todesfalls. Anlass einer Traueranzeige ist der Schmerz über den Tod einer geliebten Person, etwas sehr Intimes und Privates. Ihr Adressat jedoch ist die Allgemeinheit. »In unserem Leben hast Du Deinen Platz verlassen, in unseren Herzen bist Du immer bei uns« – solche Bekenntnisse legen Zeugnis ab von der Wertschätzung eines Verstorbenen, von der Gemeinschaft, die Lebende und Tote verbindet, vom Glauben und vom Schmerz der Hinterbliebenen. *Todesanzeigen* sind persönlicher Ausdruck der Trauer. Aber sie sind auch öffentliche Erklärungen, die neben dem Namen des Toten wichtige Informationen enthalten sollten:

- Das Alter des Verstorbenen oder, wie meist üblich, seinen Geburtstag und Todestag. Auch Hinweise auf den Beruf sind möglich.
- Der Ort und Termin der Beisetzung sowie des Trauergottesdienstes oder der Trauerfeier.
- Die Namen der nächsten Angehörigen als Hinweis auf die Verwandtschaftsbeziehungen des Verstorbenen und die Trauernden, die zurückbleiben. Die Nennung der Namen kann durch Worte eingeleitet werden, die dem Schmerz oder der Hoffnung der

Hinterbliebenen Ausdruck geben: Zum Beispiel: »In tiefer Trauer«, »In christlicher Hoffnung« oder: »In Liebe und Dankbarkeit«.

Todesanzeigen können aber noch weitere Informationen enthalten:

- Einen Sinnspruch, der etwas über den Toten oder die Hinterbliebenen aussagt. Manche Menschen drücken durch Gedichtzeilen oder Zitate ihren Schmerz über den Verlust, ihre tiefe Trauer aus. Die kurzen Texte können aber auch Glaubensbekenntnis oder Ausdruck der Hoffnung sein: Verweis auf das ewige Leben, die Heimkehr zu Gott oder der Glaube an die Kraft der Liebe, die Tote und Lebende weiter verbindet.
- Einen Hinweis auf die Ursache des Todes, besonders wenn er wirklich unerwartet kam, zum Beispiel: »Durch einen Verkehrsunfall« oder: »Nach kurzer, schwerer Krankheit«.
- Den Wohnort und die Adresse des Verstorbenen, oder die Adresse seiner nächsten Angehörigen, an die Trauerpost geschickt werden kann.
- Ein Foto des Verstorbenen: Es zeigt Hinterbliebenen noch einmal das vertraute Gesicht der Person, die sie verloren haben. Es zeigt aber auch Außenstehenden, die sonst nur einen Namen lesen würden, dass ein Mensch sehr viel mehr ist als das, was ein Name ausdrücken kann.
- Ein Bildelement oder Symbol: Dies können, je nach Glaubensbekenntnis oder persönlichen Vorlieben, ein Kreuz, ein Baum, blühende oder geknickte Rosen, eine Sonne, aber auch sehr persönliche, selbst gestaltete Motive sein: ein weinendes Auge, ein Scherenschnitt oder Kinderzeichnungen.
- Auch Bildmotive, die den gesamten Hintergrund ei-

ner Traueranzeige ausfüllen, wie etwa das Foto einer Landschaft, können heute oft verwendet werden – wenn das Motiv von seiner Art und Aussage her zu einer Traueranzeige passt und eine reproduktionsfähige Vorlage zur Verfügung gestellt wird. Der Gestaltungsspielraum ist heute sehr viel größer als noch vor ein paar Jahren. Das liegt an den erweiterten technischen Möglichkeiten, aber auch daran, dass Zeitungen bemüht sind, den individuellen Wünschen von Trauernden entgegenzukommen.

- Dankesworte an bestimmte Personen oder Einrichtungen, wenn sie sich um den Verstorbenen bemüht haben, zum Beispiel Ärzte, Geistliche, das Pflegepersonal eines Krankenhauses oder andere Begleitpersonen.
- Hinweise auf erwünschtes Verhalten der Trauergemeinde: Wenn dies im Sinne des Verstorbenen war, können Sie zum Beispiel statt Blumen um Spenden für bestimmte Einrichtungen bitten. Wenn Sie wirklich glauben, nicht die Kraft zu haben, am Grab Beileidsbekundungen entgegenzunehmen oder dies aus anderen Gründen nicht wünschen, können Sie das in der Todesanzeige mitteilen. Durch die Bemerkung »Für erwiesene und noch zugedachte Anteilnahme herzlichen Dank« können Sie aber deutlich machen, dass Sie über den Tag hinaus auf die Mitmenschlichkeit und auf Zeichen von Angehörigen, Freunden oder Kollegen hoffen.

Traueranzeigen können auch in der Form einer *nachträglichen Bekanntgabe eines Todesfalls* und dem Hinweis, die Beisetzung habe »in aller Stille« stattgefunden, publik gemacht werden. Für dieses Vorgehen gibt es unterschiedliche Gründe, die zu respektieren sind. Manche Trauernde fühlen sich am Tag der Beisetzung in ihrem tiefen Schmerz überfordert und wollen in dieser schweren Stunde möglichst wenigen Menschen begegnen. Sie sollten sich aber immer fragen, was sich der Verstorbene gewünscht hätte. Und Sie sollten auch bedenken, dass Sie andere Menschen, denen der Verstorbene ebenfalls wichtig war, verletzen könnten, wenn Sie sie von dem gemeinsamen Weg zum Grab, dieser letzten Möglichkeit des Abschiednehmens, ausschließen.

Nicht nur Angehörige haben die Möglichkeit, eine Traueranzeige aufzugeben. In Form eines *Nachrufs* können dies auch Arbeitskollegen und Arbeitgeber, Vereine oder andere Institutionen tun, denen der Verstorbene nahe stand. Auch der Freundeskreis oder Schulkameraden können so ihr liebendes Gedenken an einen Menschen bekunden.

Eine weitere Form, der Trauer Ausdruck zu geben, ist die *Gedenk-Anzeige* am Todestag oder Geburtstag eines Verstorbenen. Diese besondere Form des öffentlichen Erinnerns ist Zeugnis der Würdigung eines geliebten Menschen und Bekenntnis, dass er im Leben derer, die zurückbleiben, immer noch eine wichtige Rolle spielt. Sie kann aber auch Ausdruck des immer noch anhaltenden Schmerzes über den Verlust sein, ein Hilferuf von Trauernden in einer Welt, die über den Tod allzu schnell den Mantel des Vergessens breitet.

Viele Menschen greifen auch auf die Möglichkeit einer öffentlichen *Danksagung* für erwiesene Anteilnahme nach einem Todesfall zurück. Dieser Dank kann sich an bestimmte Personen oder Institutionen richten. Er zeigt aber auch, wie wichtig Zeichen des Mitgefühls für Trauernde sind. »Die besten Mittel gegen das Leid sind Zuneigung, Anteilnahme, Liebe«, lautete der Text einer Danksagung: »Und der beste Weg, einem Menschen, der ins Leid gekommen ist, zu helfen, besteht darin, ihn unsere Zuneigung, Anteilnahme und Liebe auf jede nur erdenkliche Weise spüren zu lassen.« Trauernde sind meist von Herzen dankbar, wenn sie in schwerer Zeit Unterstützung erhalten. Viele Danksagungen beweisen täglich aufs Neue, dass es Trauernde tröstet, wenn sie wirkliche Mitmenschlichkeit erfahren und in ihrem Schmerz nicht allein gelassen werden.

Muster für Traueranzeigen können in der belastenden Situation nach einem Todesfall eine große Hilfe sein. Dennoch werden viele der vorformulierten Worte und angebotenen Möglichkeiten nicht zu dem Menschen passen, um den Sie trauern. Persönliche Worte oder ein Sinnspruch, der dem Verstorbenen wichtig war, sind meist stimmiger. Der Mensch, um den Sie trauern, war einzigartig. Durch die Traueranzeige, die viele Menschen erreicht, können Sie dies auch anderen mitteilen. Zeigen Sie sich zurückhaltend in der Wortwahl, wenn Ihnen das angemessen erscheint, aber drücken Sie Ihren Schmerz aus, wenn Sie das Bedürfnis dazu haben. Es kommt, wie bei den meisten Dingen im Leben, darauf an, was Sie für richtig und wichtig halten, nicht darauf, was andere von Ihnen denken könnten.

Der Trost der Erinnerung

Immer mehr Menschen nutzen die Möglichkeit, während einer Trauerfeier auf persönliche Weise von einer geliebten Person Abschied zu nehmen.

Es ist ein schwieriger Gang, einen Menschen auf seinem letzten Weg zu begleiten – dem Weg zum Grab. Je näher man diesem Menschen stand, umso schwieriger ist es. Angehörige müssen diesen Weg nicht nur gehen, sondern sich auch Gedanken über seine Gestaltung machen. Der Abschied in der Kirche, der Trauerhalle des Friedhofs oder am Grab bietet Raum für persönliche Worte und anderes mehr. Was hilft den Trauernden? Was hätte sich die gestorbene Person vielleicht gewünscht? Worüber hätte sie sich gefreut?

Schwierige Fragen, die in einer sehr schweren Zeit beantwortet werden müssen. Religiöse Rituale sind für die meisten Menschen sehr wichtig. Sie müssen jedoch nicht unbedingt im Mittelpunkt stehen, wenn die gestorbene Person keine tiefere Beziehung zur Kirche hatte. Viele Menschen finden Trost und Hoffnung in einem Gottesdienst und in Gebeten. Andere empfinden die bei Beerdigungen üblichen Rituale und Feierlichkeiten eher als belastend, die Liturgien als der Situation und der Person, um die sie trauern, nicht angemessen. Eine individuell gestaltete Trauerfeier kann nicht nur hilfreich sein und Trost spenden. Sie kann Hinterbliebenen manchmal auch das Gefühl geben, im Sinne des Toten zu handeln und ihm so eine letzte Ehre zu erweisen.

Jeder Mensch ist unverwechselbar. Trauerfeiern sind es meist nicht. Für das Bestattungswesen und alle, die mit ihm zu tun haben, ist der Tod alltäglich. Für Trauernde, die eine geliebte Person verloren haben, ist er es nicht. Viele möchten den Menschen, um den sie trauern, würdigen und ihm noch einmal ihre Liebe bekunden. Aber sie fühlen sich durch Konventionen daran gehindert, bei der Trauerfeier eigene Empfindungen und Gedanken auszudrücken.

Der Tod mache alle gleich, heißt es oft. Für Trauernde wird die Person, die sie verloren haben, jedoch immer einzigartig bleiben. Der Tod muss akzeptiert werden. Aber die Trauerfeier kann auch eine Feier des Lebens dieser Person sein, das nun vorüber ist. Sie bietet Trauernden die Möglichkeit, dieses Leben zu würdigen und ein letztes Mal Dank zu sagen.

Was ist möglich? Vieles ist möglich. Eine kirchliche Beerdigung gibt zwar einen bestimmten Rahmen vor, lässt aber trotzdem Freiräume für individuelle Formen des Gedenkens. Die Würdigung der gestorbenen Person kann beispielsweise durch die Auswahl eines bestimmten Musikstücks oder persönliche Ansprachen am Grab erfolgen. Auch die Rede des Geistlichen enthält persönliche Elemente, wird aber dennoch manchmal als routiniert empfunden – bei falschen Aussagen auch als schmerzlich. Eine Würdigung des Verstorbenen gelingt meist nur dann, wenn der Pfarrer ihn persönlich gekannt hat, was jedoch, zumal in größeren Städten, oft nicht mehr der Fall ist.

Menschen, die im religiösen Ritus keinen Trost finden, können auch einen weltlichen Bestattungsredner als letzten Wegbegleiter bestellen. Diese Redner sehen es als ihre Hauptaufgabe an, den Verstorbenen zu würdigen. Auch dies gelingt nicht immer. Viele Redner betrachten sich nicht als Konkurrenz zur Kirche, sondern als Ergänzung. Manche jedoch lehnen religiöse Bräuche grundsätzlich ab und gehen darin so weit, dass sie sich sogar einem schlichten Gebet verweigern. Zudem kennen die so genannten freien Trauer-Redner den Verstorbenen in der Regel genauso wenig wie viele Geistliche – weshalb ihre Ansprache zwar persönliche Elemente enthalten mag, aber oft dennoch als Ritual ohne persönlichen Bezug erscheint. Bestattungsunternehmen stehen Ihnen auch bei der Gestaltung der Trauerfeier zur Seite. Bei einer kirchlichen Beerdigung bemühen sie sich um einen Termin mit dem Geistlichen, stellen aber auch Kontakte zu freien Grabrednern her, falls Sie deren Dienste in Anspruch nehmen möchten. Ihr Bestattungsinstitut kann hier aufgrund langjähriger Erfahrung Empfehlungen aussprechen.

Wenn Sie es möchten, können Sie die Trauerfeier auch alleine gestalten. Dies erfordert allerdings viel Kraft. Nach der Erfahrung vieler Bestatter sehen sich die meisten Angehörigen in ihrer Trauer nicht in der Lage, eine Gedenkfeier selbst mit auszurichten. Allerdings können Betroffene ihre Trauer oft besser bewältigen, wenn sie bei der Gestaltung der Zeremonie selbst aktiv werden. Auch die Deutsche Hospiz Stiftung ermutigt dazu, die Trauerfeier persönlich und kreativ zu gestalten: Rituale, die den Umgang mit dem Tod und die Formen des Erinnerns regeln, seien für viele wichtig, dürften aber nicht zum Zwang werden, erklärt Elke Simon, die Grundsatzreferentin der Stiftung.

Eine persönliche Trauerfeier kann viele Elemente enthalten:

- Eine Rede, die den Verstorbenen würdigt und seine Persönlichkeit durch Erinnerungen und Anekdoten noch einmal lebendig werden lässt. Wenn Sie selbst nicht die Kraft haben, dies zu tun, können Sie andere Angehörige, Freunde oder Arbeitskollegen bitten, ein paar Worte zu sagen. Es kann ein großer Trost sein, in dieser schwierigen Situation zu erfahren, wie viel der Mensch, um den Sie trauern, auch anderen bedeutet hat.

- Das Sprechen von Gebeten oder das Vorlesen von Gedichten, die der Verstorbene gerne gemocht hat oder in der Ihre eigene Trauer besonderen Ausdruck findet.
- Musik, die einen besonderen Bezug zum Verstorbenen hat oder mit der Sie persönliche Erinnerungen an gemeinsame Erlebnisse verknüpfen. Dies kann religiöse oder klassische Musik sein, aber auch Jazz oder Pop. Zu beliebten Titeln, die bei Trauerfeiern immer wieder gespielt werden, zählen zum Beispiel Frank Sinatras »My way« oder »Time to say goodbye« von Andrea Bocelli. Vielleicht hatte die Person, um die Sie trauern, ein Lieblingslied?
- Ein gerahmtes Bild des Verstorbenen kann in der Trauerhalle aufgestellt werden und so das Gefühl vermitteln, dass die geliebte Person im Geiste mitten unter Ihnen ist.
- Der Ort der Trauerfeier kann mit Blumen geschmückt werden, die der Verstorbene besonders geliebt hat. Als Zeichen der Verbundenheit und Dankbarkeit können Sie jedem Trauergast auch eine dieser Blumen in die Hand geben.
- Möglich ist auch die Zusammenstellung eines Papiers oder kleinen Heftes mit Gedanken, Gedichten oder Fotos des Verstorbenen, das die Trauergäste zur Erinnerung mit nach Hause nehmen können.

Eine Trauerfeier braucht geeignete Räumlichkeiten, die leider nicht auf allen Friedhöfen vorhanden sind. Sie kann in einer Kirche oder in einer Trauerhalle stattfinden. Bei der Planung sollten Sie berücksichtigen, dass

Ihnen, zumal in größeren Städten, nicht unbegrenzt Zeit zur Verfügung steht. Musik und Reden sind auch am offenen Grab möglich. Sie sollten sich gut überlegen, ob Sie Trauergäste nach der Beisetzung noch zum Kaffee oder einem gemeinsamen Mahl einladen möchten. Es gibt gute Gründe dagegen, aber auch dafür: Viele Menschen, die zur Trauerfeier gekommen sind, haben Ihnen und dem Toten Respekt erwiesen und trauern ebenfalls. Gemeinsamkeit und Gespräche nach der Beisetzung können für alle Beteiligten tröstlich und hilfreich sein.

Der Abschied von einer geliebten Person kann auf vielfältige Weise gestaltet werden. Jedes Leben ist individuell, und so individuell darf auch der Abschied von diesem Leben sein, heißt es in einer Erklärung der Deutschen Hospiz Stiftung. Wenn Sie Ihren Gefühlen vertrauen und die Kraft finden, sie auszudrücken, kann die Trauerfeier ein letzter Liebesdienst für die Person sein, um die Sie trauern.

Eine Heimat für die Trauer

In seinem »Haus der menschlichen Begleitung« öffnet der Bestatter Fritz Roth Türen für einen neuen Umgang mit Tod und Trauer.

Das Schild am Ortsende von Bergisch Gladbach bei Köln weist in den Wald. Eine kleine Straße schlängelt sich durch efeuumrankte Bäume hindurch, zwischen denen plötzlich die Gesichter zahlreicher Holzskulpturen auftauchen. Oben auf der Lichtung ein großes Haus im Grünen. Eine kleine Treppe führt weiter hinauf in einen mit Figuren geschmückten Garten. Das Innere des Offenheit und Wärme ausstrahlenden Gebäudes wirkt wie ein auf mehrere Ebenen verteiltes Wohnzimmer: schöne Teppiche und Möbel, bequeme Korbsessel, gerahmte Bilder, Bücher, Kunstgegenstände aller Art. Es ist ein schönes Haus, in jeder Hinsicht. Doch es beherbergt weder eine Künstlerkolonie noch ein luxuriöses Feriendomizil, sondern ein Bestattungsunternehmen.

Fritz Roth, Chef des Bestattungshauses Pütz-Roth, kommt gerade von einer Beerdigung. Er trägt einen dreiteiligen schwarzen Anzug, den schwarzen Zylinder hat er noch in der Hand. Der 54-Jährige legt Wert auf Etikette. »Der Zylinder gehört für mich dazu«, sagt er. Der Respekt vor dem Tod und vor Trauernden beschränkt sich bei Roth jedoch nicht auf Äußerlichkeiten. Er weiß, dass für viele Menschen nach dem Tod einer geliebten Person die eigene Welt wie ein Kartenhaus zusammenstürzt. Er hat erfahren, dass Trauernde in dieser schweren Zeit mehr brauchen als einen Bestatter, der sich nur als Beerdigungsdienstleister ver-

steht. Und er versucht daher, Hinterbliebenen dabei zu helfen, die Unfassbarkeit des endgültigen Abschieds zu ertragen und zu begreifen.
Sein mutiger Einsatz für die Rechte von Trauernden hat Roth manchen Ärger, aber auch viel Anerkennung eingebracht. Bundesweit, und weit über die Grenzen Deutschlands hinaus. Bei Hospizvereinen ist der Bestatter und Trauerbegleiter als Redner gefragt. Sogar in die »Internationale Arbeitsgruppe für Sterben, Tod und Trauer« mit Sitz im kanadischen Ontario wurde Roth als Mitglied berufen.
Angefangen hat alles im Jahr 1983, als Roth das alteingesessene Bestattungshaus Pütz in Bergisch Gladbach übernahm. Zuvor war Roth, der eine Klosterschule besucht hatte und eigentlich Priester werden wollte, als Unternehmensberater tätig gewesen. Als Bestatter, in der Begleitung von Trauernden, dachte er, einige der Ideen umsetzen zu können, die ihm das Dasein als Seelsorger einst erstrebenswert gemacht hatten. Die Situation, mit der er sich konfrontiert sah, hatte jedoch mit seiner Vorstellung eines menschenwürdigen Umgangs mit dem Tod nur wenig zu tun. »Tote wurden möglichst schnell auf Friedhöfe gebracht, schnell beerdigt, nach starren Regeln, und die Trauernden gingen schnell wieder auseinander, meist hilflos und ungetröstet«, erinnert sich Roth. Ihm war schnell klar: »So möchte ich selbst nicht behandelt werden, wenn meine Frau oder mein Kind stirbt.«
Bestattungsgesetze und Friedhofsordnungen nehmen manchmal wenig Rücksicht auf die Bedürfnisse von Trauernden. Roth ist davon überzeugt, dass es oft auch bei Bestattern an Gedanken und Bemühungen fehlt, wie sie Angehörigen zu einem persönlichen Abschied verhelfen, ihnen nach dem Verlust eines geliebten

Menschen als Begleiter zur Seite stehen können. Sätze wie: »Das geht nicht« oder: »Das wird immer so gemacht« wird man von ihm nicht hören. Er glaubt nicht, dass es ausreicht, für Hinterbliebene Formalitäten zu erledigen und für die Einsargung und Überführung des Toten zu sorgen. Nach Roths Verständnis muss ein Bestatter mehr anbieten können, als einen Sarg auf dem Friedhof abzustellen.

Fritz Roth hatte eine Vision, und er ließ sie in seinem »Haus der menschlichen Begleitung« Stück für Stück Wirklichkeit werden. Als erstes schuf er die räumlichen Voraussetzungen. Um Tod und Trauer ins Leben zurückzuholen, baute er ein Haus im Grünen. Dort gibt es keine dunklen Vorhänge und auch keine Urnen oder Grablaternen im Schaufenster. Roth empfindet eine solche Präsentation nicht als Zeichen der Achtung vor dem Tod, sondern als Zeichen seiner Ausgrenzung aus dem Leben. Die Trauer lähmt. Roth will Trauernde aus dieser lähmenden Passivität befreien, ihnen dabei helfen, selbst aktiv zu werden, um ihre Trauer besser bewältigen zu können. Für den Bestatter aus Bergisch Gladbach ist menschliche Begleitung wichtiger als ein teurer Sarg, der in der Erde verschwindet. »Wir können den Toten materiell nichts mehr Gutes tun«, sagt Roth: »Aber wir können Hinterbliebenen dabei helfen, ihre Trauer menschenwürdig zu gestalten.«

Statt eines Ausstellungsraumes mit Sargmodellen verschiedener Preisklassen hat Roth in seinem Haus Abschiedsräume eingerichtet, in denen Trauernde, wenn sie dies wünschen, während der letzten Stunden oder Tage vor der Beisetzung einem Toten nahe sein können. Räume in warmen Farben, mit bequemen Sitzmöbeln und Fenstern, hinter denen die Natur im Wechsel der Jahreszeiten, der Klang von Windspielen und das Plätschern von Brunnen eine Verbindung zum Leben herstellen. Das genaue Gegenteil zu der kalten und unpersönlichen Atmosphäre in vielen Friedhofshallen, wo Angehörige oft noch durch eine Glasscheibe von ihren Toten getrennt werden und nur zu genau festgelegten Zeiten anwesend sein dürfen. Fritz Roth ermutigt Trauernde, Verstorbene zu sehen, wann immer sie wollen – und so oft sie wollen.

»Für viele Menschen ist es nicht zu begreifen, dass eine Person, die ihnen wichtig ist, die sie lieben, plötzlich nicht mehr da ist«, sagt Roth: »Dafür brauchen sie die Begegnung mit dem Toten, auch die Wahrnehmung seiner Veränderung.« Deshalb hat er in seinem Haus die Möglichkeiten für diesen persönlichen Abschied geschaffen. Deshalb fragt er Angehörige auch, ob sie ihren Verstorbenen selbst persönliche Kleidungsstücke anziehen möchten – mit oder ohne Hilfe seines Personals. Deshalb ermutigt er sie, Toten als letzten Gruß etwas in den Sarg zu legen – einen Brief, Fotos oder andere persönliche Gegenstände. Und er ermutigt sie auch, den Sarg selbst zu schließen – wenn sie dazu bereit sind.

Fritz Roth sieht nicht die technische Abwicklung der Beerdigung als Zentrum seiner Tätigkeit, sondern die menschliche Begleitung der Hinterbliebenen. Dieses Angebot, die Trauer zu leben, ist in der heutigen Zeit ungewöhnlich. Aber ist es tatsächlich neu? »In meinem Haus entsteht nichts wirklich Neues«, sagt Roth. »Ich versuche, hilfreiche und in Vergessenheit geratene Traditionen wiederzubeleben.« Er bezeichnet sich als »Archäologen der Trauerkultur«. Er erzählt von seiner Kindheit auf dem Bauernhof, als die gestorbene Oma, umgeben von der Familie, bis zum Tag der Beerdigung im Haus blieb. Der Tod wurde nicht aus dem Leben ver-

bannt, sondern gemeinsam bewältigt: »Heute«, sagt Roth, »wird Hinterbliebenen fast alles aus der Hand genommen, auch der Tote selbst.«
Durch einen lebendigen Umgang mit dem Tod will Roth Trauernde aus ihrer Isolation befreien. Dieses Ziel versucht er durch die unmittelbare Unterstützung Hinterbliebener in seinem »Haus der menschlichen Begleitung« zu verwirklichen, aber auch durch seine »Private Trauer-Akademie«, deren vielfältige Angebote Betroffenen neue Perspektiven eröffnen und die Öffentlichkeit für die schwierige Situation Trauernder sensibilisieren wollen. Durch Vorträge von anerkannten Trauer-Forschern wie Jorgos Canacakis oder Verena Kast, durch Informationsveranstaltungen für Personen, die durch ihren Beruf mit Trauernden in Berührung kommen, wie Pflegekräfte, Seelsorger, Ärzte oder Hospizmitarbeiter. Roth lädt auch Schulklassen ein, sich in seinem Haus über Tod und Sterben Gedanken zu machen.
Hinterbliebenen bietet Roth auch nach der Beisetzung eines Menschen Unterstützung an. Unter fachkundiger Anleitung finden in seinem Haus kostenlose Gesprächskreise statt, in denen Trauernde Erfahrungen austauschen und dem Alleinsein durch Gemeinschaft begegnen können. Seit kurzem gibt es in seinem Haus auch ein »Zentrum für trauernde Kinder«, in dem diese mit ihren Eltern, anderen Kindern und einer ausgebildeten Trauer-Begleiterin lernen können, ihren Schmerz auszudrücken und zu verarbeiten.
Trauernde und ihre Gefühle stehen für Fritz Roth im Mittelpunkt. »Bis zum Tod ist der Sterbende die wichtigste Person«, sagt er. »Nach dem Tod sind es die Hinterbliebenen.« Roth versteht sein Haus daher auch als eine Art »Trauer-Hospiz«, als Einrichtung, in der Trauernde menschliche Nähe und in schwerer Zeit ein

Stück Heimat finden sollen. Ein Konzept, dem selbst Cicely Saunders ihre Anerkennung erwies: Die Begründerin der Hospizbewegung kam 1999 zu einem Trauer-Symposium zu Fritz Roth nach Bergisch Gladbach.
Um Trauernden zu einem persönlichen Abschied zu verhelfen, setzt sich Fritz Roth auch über Vorschriften hinweg. »Jeder hat ein Recht auf seine Trauer«, sagt der Bestatter, der weiß, dass die Rechte von Trauernden allzu oft verletzt werden. Er übt harsche Kritik an manchen Bürokraten in Ministerien und Friedhofsämtern, die »den Tod eines Menschen nur noch als Verwaltungsakt betrachten« und keine Rücksicht auf besondere Bedürfnisse trauernder Angehöriger nehmen. Roth setzt sich auch entschieden und mit Erfolg dafür ein, dass Hinterbliebene zum Beispiel einen Sarg, wenn sie dies möchten, selbst zum Grab tragen dürfen.
»Trauer ist eine Form der Liebe, und sie ist genauso wenig wie die Liebe gesetzlich zu regeln«, erklärt Roth. Dass die Bestattungsgesetze Trauernden und den von ihnen beauftragten Bestattungsunternehmen oft wenig Spielraum lassen, beeindruckt ihn nicht: »Ich fordere auf zum bürgerlichen Ungehorsam, wenn es um das Recht eines persönlichen Abschieds geht.«
In seinem Einsatz für die Rechte von Trauernden scheut Roth keine Auseinandersetzung, denn er hat eine Vision: »Wenn die Bestatter motiviert sind, umfassend und wirklich helfen, werden Hinterbliebene eher getröstet, wird die Gesellschaft als ganzes bewusster.« Von manchen Berufskollegen wird Roth immer noch als Exot betrachtet. Hinterbliebene, die sein »Haus der menschlichen Begleitung« kennengelernt haben, und ausgewiesene Trauer-Experten haben ein anderes Bild: Sie sehen in Fritz Roth einen Wegbereiter für einen menschlicheren Umgang mit Tod und Trauer.

Menschlichkeit gegen das Schweigen

»Die richtige Art,
um die Toten zu trauern,
besteht darin,
für die Lebenden zu sorgen,
die zu ihnen gehören.«[8]

(Edmund Burke)

Gespräche an der Grenze des Lebens

Sterbende Patienten sind oft sehr einsam. Ihre Angehörigen auch. Das Gespräch mit einem Krankenhausseelsorger kann helfen.

Es ist ein sonniger Frühlingstag. Draußen stehen die Bäume in frischem Grün, von ferne ist Gelächter zu hören. Im Wartezimmer vor der Intensivstation der Universitätsklinik Würzburg ist es still. Unerträglich still. Ein Mann sitzt dort, alleine. Allein mit seiner Angst, allein mit seiner Verzweiflung. Komplikationen im Verlauf einer fortgeschrittenen Krebserkrankung haben die sofortige Einlieferung seiner Frau nötig gemacht. Er weiß nicht, was ihn in den nächsten Stunden erwartet. Er weiß überhaupt nicht mehr, wie es weitergehen soll. Und er ist dankbar, als sich plötzlich die Tür öffnet und jemand hereinkommt, der sich nach seinem Befinden erkundigt, ihm zuhört, einfach da ist – bereit, einen Teil der Last, die ihn erdrückt, mitzutragen.

Pfarrer Gottfried Amendt arbeitet seit zehn Jahren als katholischer Krankenhausseelsorger in der Universitätsklinik Würzburg. Sein Beruf ist dem unauffällig gekleideten Mann auf den ersten Blick nicht anzusehen. Ärzte, das sind die viel beschäftigten Menschen in den weißen Kitteln. Unter einem Klinikpfarrer stellen sich die meisten wohl einen feierlichen Herrn in schwarzer Kleidung vor, der nur in Erscheinung tritt, wenn ein sterbender Patient beichten oder beten will. Gottfried Amendt entspricht diesem Bild in keiner Weise.

Er ist in jeder Situation, zu jedem Zeitpunkt da für die

Menschen, die ihn brauchen. Er bietet Gespräche an. Er hört zu, will erst einmal wissen, was sein Gegenüber bewegt. Wenn er nur versuchen würde, mit Bibelworten zu trösten, wäre er seiner schwierigen Aufgabe gar nicht gewachsen. Der 55-Jährige hat im Laufe seiner Tätigkeit genügend Erfahrungen gesammelt, um zu wissen, dass jeder Mensch ein ganz eigenes Schicksal trägt, seine eigenen Hoffnungen pflegt, mit seinen ureigenen Ängsten zu kämpfen hat. Er weiß, wie schnell ein Unfall oder eine schwere Krankheit ein Leben von heute auf morgen verändern kann. Und er weiß auch, dass er oft nicht mehr tun kann, als Menschen in dieser schwierigen Situation zu begleiten – auf einem Weg, der oft, aber keineswegs immer zum Tode führt. »Das Zuhören ist am wichtigsten. Viel wichtiger als das Reden«, sagt Gottfried Amendt. Viele Personen, mit denen er ins Gespräch kommt, suchen menschliche Nähe – jemanden, der für sie da ist und der Situation, in der sie sich befinden, nicht ausweicht. Jemanden, der es mit ihnen aushält. Die Schmerzen von Patienten bekommen die Ärzte oft in den Griff. Die Einsamkeit nicht – dafür sind sie nicht zuständig.

Manchmal wird Amendt gerufen, oft kommt er von sich aus. Denn natürlich gibt es Berührungsängste: Viele können mit religiösen Jenseitsvorstellungen nicht viel anfangen und wollen deshalb auch am Krankenbett nichts davon hören. Von manchen wird ein Klinikpfarrer auch als »Vorbote des Todes« betrachtet, dem man besser aus dem Wege geht. Ängste, die Amendt respektieren muss, die sich aber manchmal auch verlieren. Die Gespräche, die der Seelsorger führt, finden statt, wo es die Situation erfordert: auf der Intensivstation, im Krankenzimmer, im Wartezimmer, aber auch in seinem Büro oder bei Spaziergängen auf

dem Klinikgelände. Erreichbar ist er oder ein Kollege immer, Tag und Nacht, notfalls übers Funktelefon.
Gottfried Amendt geht auf die Menschen zu. Auch wenn sie nicht gläubig sind – oder zornig auf Gott. Er holt sie dort ab, wo sie sich befinden. Anders kann er sie nicht erreichen. Die Reaktionen auf seine Besuche sind unterschiedlich. Manche Patienten sind dankbar, andere schicken ihn wieder weg. »Nein danke, ich habe mit der Kirche nichts am Hut«, sagte ihm einmal eine Patientin auf der Intensivstation. Er blieb dennoch und versuchte, mit der Frau ins Gespräch zu kommen. »Mit Ihnen kann man ja ganz normal reden«, stellte sie schließlich fest. Eine Unterhaltung begann, der weitere folgten.
Warum widerfährt guten Menschen Böses? Eine Frage, auf die auch gläubige Christen oft keine Antwort finden. »Ich war doch ein guter Mensch: Kann das Gottes Wille sein?«, will ein etwa 30-jähriger Patient, der im Sterben liegt, von Amendt wissen. »Was ist das für ein Gott, der mein Kind sterben lässt?«, fragt ihn eine Mutter: »Sie sind doch Pfarrer! Sie müssen es mir doch sagen können: Warum lässt Gott das zu?« Aber Pfarrer Amendt weiß es auch nicht. Und er tut auch nicht so, als ob er es wüsste. Er bietet seine Unterstützung an, seine Gegenwart. Doch er gibt keine einfachen Antworten auf Fragen, auf die es keine einfachen Antworten geben kann.
Gottfried Amendt versteht sich nicht in erster Linie als Vermittler bestimmter Glaubensinhalte. Er versucht, Brücken zu bauen – zu Christen, zu Moslems, zu Menschen, die keiner Religionsgemeinschaft angehören. Liebe, auch die Liebe zum Mitmenschen, die Nächstenliebe, stellt keine Bedingungen. Als Seelsorger kümmert er sich nicht nur um Patienten, sondern auch um Angehörige, die oft mit ihrem Kummer allein ge-

lassen werden. Er ist auch Ansprechpartner für Ärzte, Krankenschwestern und Pfleger, die das Sterben von Patienten, zu denen sie eine Beziehung aufgebaut haben, oft sehr belastet. Meist sind es jedoch die Pfleger und Schwestern, die ihn um Hilfe bitten. Amendt: »Die sind näher dran am Patienten.«

Gottfried Amendt führt Gespräche, denen fast jeder aus dem Weg geht: Gespräche über den Tod. Oft, manchmal täglich, sieht er sich sterbenden Patienten gegenüber oder blickt in die Gesichter von Angehörigen, in denen sich Hilflosigkeit, eine abgrundtiefe Traurigkeit und Verzweiflung widerspiegeln. Wie hält er das aus? »Ich bin kein Einzelkämpfer. Wir sind ein Team von Seelsorgern hier in der Klinik«, sagt Amendt, der für die Bereiche Innere Medizin und Intensivstation zuständig ist. Die Seelsorger sprechen miteinander über ihre Erfahrungen und Probleme, erhalten Supervision. »Außerdem meditiere ich täglich. Ich schöpfe auch viel Kraft aus der Natur«, sagt Amendt.

Glaube, Liebe, Hoffnung – was zählt am Ende? »Die Liebe ist am wichtigsten«, sagt Amendt: »In der Liebe stecken für mich auch Glaube und Hoffnung.« Und die Liebe ist keine Einbahnstraße. »Die meisten Menschen sind sehr dankbar, Patienten wie Angehörige. Ich erhalte mehr zum Geschenk, als ich geben kann«, meint Amendt bescheiden. Viele suchten auch nach einem Todesfall noch das Gespräch: »Ich wollte einfach wieder einmal Ihre Stimme hören«, habe ihm eine Frau, deren Mann im Krankenhaus gestorben war, kürzlich am Telefon gesagt. Eine Dankbarkeit, die ihm Kraft gibt.

Trost im täglichen Umgang mit sterbenden Menschen und ihren Angehörigen findet Amendt nicht zuletzt auch im Glauben: »Die Toten leben für mich weiter«, sagt er: »Ich weiß, dass es ihnen gut geht.«

Lichtblicke im Dunkel der Trauer

Gemeinsamkeit macht das Schwere leichter: Gesprächskreise für Trauernde bieten nach dem Tod eines geliebten Menschen Begleitung an.

Sie verbrachten 23 Jahre ihres Lebens gemeinsam. Und sie hatten noch viele Pläne. Dann kam die Diagnose Krebs. »Ich wollte es nicht glauben, es klang irgendwie unwirklich«, berichtet Anna (Name geändert). Auch, weil es ihrem Lebensgefährten zunächst relativ gut ging. Aus dem Krankenhaus wurde er schon bald entlassen. Man sagte ihm, er sei »austherapiert«. Dann wurde er zusehends schwächer. Einige Zeit später ist er gestorben. Seitdem ist für Anna nichts mehr so wie vorher.

»Ich konnte gar nichts mehr begreifen«, berichtet sie: »Die ersten Monate habe ich nach außen hin so weitergelebt, als ob nichts passiert wäre. Aber wie es in mir aussah, kann ich nicht beschreiben. Ich war verzweifelt, am Ende.« Noch jetzt kommen ihr die Tränen: »Ich habe keine Beziehung zum Grab. Ich kann mir einfach nicht vorstellen, dass er da unten ist.« Sein Lachen gehört zu den Dingen, die sie am meisten vermisst. »Er war ein Optimist, blickte immer nach vorne«, erinnert sie sich. Nach vorne schauen – das hatte man auch ihr nach dem Tod ihres Partners geraten. Aber sie hat nur geantwortet: »Da vorne ist nichts!«

Eine dunkle Zeit voller Tränen, und kein Hoffnungsschimmer am Horizont. So ging es fünf Monate lang. »Dann war ich an einem Punkt, an dem ich gemerkt habe: So kann ich nicht mehr weiterleben«, sagt Anna. Eine Freundin erzählte ihr von dem Gesprächskreis für

Trauernde des Hospizvereins Würzburg. Aber sie hatte Angst davor – Angst vor der unbekannten Situation, Angst davor, mit fremden Menschen über so Intimes wie ihre Trauer zu sprechen. »Ich wusste nicht, was da auf mich zukommt.« Doch dann hat sie ihren ganzen Mut zusammengenommen und ist hingegangen.

Den Kreis »Trauern und Trösten« gibt es seit 1992. Die Gespräche finden zweimal im Monat in den Räumen des Hospizvereins statt. Es ist ein Ort, an dem Trauernde aussprechen können, was sie bewegt. An dem sie um Rat fragen können, wenn sie nicht mehr weiter wissen. Anna wusste nicht mehr weiter. Und trotzdem traute sie sich erst nach zwei Einzelgesprächen in die Gruppe. Sie traf dort auf einen gemischten Kreis – Männer und Frauen, die alle einen ganz speziellen Verlust zu beklagen hatten. »Jeder gab sich so, wie ihm zu Mute war. Wer nichts sagen wollte, musste nicht.« Anna konnte nichts sagen, obwohl sie sich in der Runde aufgehoben fühlte: »Die ersten beiden Male habe ich keinen Ton geredet, nur zugehört. Dann habe ich festgestellt, dass ich mit meinem Schmerz nicht allein bin.«

Wer trauert, sieht oft nur sein eigenes Schicksal. Das Leben mit seinen vielfältigen Verlockungen kommt Trauernden ohne die geliebte Person, die sie verloren haben, hohl und verlogen vor. Und als ob die Situation nicht schon schwierig genug wäre, zerbricht auch noch manche Freundschaft, weil viele Menschen im Umgang mit Trauernden hilflos und unerfahren sind. Sie wissen nicht, wie sie ein Gespräch anfangen sollen. Viele vermeiden es, über den Toten zu sprechen. Aber Trauernde müssen sprechen. »Für uns ist der Tote ja weiterhin präsent«, sagt Anna.

Im Gesprächskreis finden Trauernde Menschen, die ein

ähnliches Leid erfahren haben. Menschen, die zuhören. Menschen, die ihnen Mut machen. Die Menschen, die sich hier begegnen, müssen sich nicht erklären, was viele andere sowieso nicht verstehen: wie sehr die Trauer das Leben verändert. Sie müssen einander gar nichts erklären. Sie wissen, wie es ist.

Mal sind es nur fünf, manchmal über 15 Personen, die sich zusammensetzen, um ihre Erfahrungen auszutauschen. Um gemeinsam Wege zu finden, die aus der Sackgasse ihres persönlichen Schmerzes herausführen. In dieser Situation wachsen Verständnis und Vertrauen, oft entstehen sogar neue Freundschaften. Dennoch ist der Gesprächskreis »Trauern und Trösten« keine Selbsthilfegruppe. »Es ist wichtig, dass es jemanden gibt, der die Übersicht behält«, erklärt die Ärztin und Psychotherapeutin Heidi Silbernagl, die die Gespräche zusammen mit einer Hospizhelferin leitet. Manchmal ist die Trauer sehr komplex, manche Menschen trauern auch um sehr unterschiedliche Dinge auf einmal. Viele brauchen Hilfe, um zum Kern ihrer Trauer vorzustoßen. »Die Gesprächsleitung«, so Silbernagl, »muss auf jedes einzelne Schicksal eingehen, aber auch die Gesamtheit im Auge behalten, Möglichkeiten der Entwicklung aufzeigen.« Sonst besteht die Gefahr, dass sich das Gespräch im Kreis dreht.

Die Runde ist offen für jeden. Unterschiedliche Menschen versuchen hier, etwas Licht in das Dunkel ihrer Trauer zu bringen. Meist ist es der Tod des Ehepartners oder Lebensgefährten, der sie in tiefe Trauer versinken lässt. Andere beklagen den Verlust eines Elternteils oder einer anderen Person, die ihnen viel bedeutet hat. Für Eltern, die ein Kind verloren haben, bietet der Hospizverein mit »Verwaiste Eltern« einen eigenen Gesprächskreis an.

Trauern und Trösten – was nach einem einfachen Rezept klingt, ist in Wahrheit sehr schwer. Was für eine gewaltige Kraftanstrengung der Weg durch die Trauer erfordert und wie oft er durch Hindernisse versperrt wird, zeigt sich auch daran, dass manche erst nach Jahren kommen, um über ihren Schmerz zu reden. »Viele Trauernde sind eine einzige Anklage: gegen Gott, ihr Schicksal, die ganze Welt«, sagt Silbernagl. »Trauern ist schwer, und Trösten heißt bei uns nicht: vertrösten.« Wer Hilfe sucht, wird nicht mit Trostsprüchen abgespeist, sondern ernst genommen.

Trost kommt nur selten von allein. Meist muss er hart erarbeitet werden. Im Gesprächskreis geschieht dies auch durch das Nachdenken über Fragen wie: »Was bedeutet die Sehnsucht in meinem Leben?« Der Gedankenaustausch trägt nicht nur dazu bei, sich über die eigenen Gefühle klarer zu werden. Er lässt Trost auch durch das Miteinander, das Eingebundensein in eine Schicksalsgemeinschaft entstehen. »Gemeinsames Trauererleben löst in hohem Maße Solidarität aus, die hilfreich ist, heilsam und tröstend«, weiß Silbernagl aus langjähriger Erfahrung. »Die Medizin für den Menschen, der trauert, ist der Mensch, der mit ihm trauert.« Dies bestätigt auch Anna. »Manchmal war es so schlimm, dass ich mich gefragt habe: Bin ich verrückt – oder sind es die anderen?« Im Gesprächskreis hat sie erfahren, dass sie mit ihren Gefühlen nicht allein ist. Noch wichtiger war ihr, von Menschen, die ebenfalls einen schweren Verlust erlitten haben, zu hören, dass der Schmerz nachlässt, das Leben irgendwann wieder heller wird. »Wer es selbst erlebt hat, dem glaubt man es«, sagt Anna. »Am Anfang hätte ich mir nicht vorstellen können, jemals wieder aus dem schwarzen Loch herauszukommen. Jetzt glaube ich, ich kann es schaffen.«

Das Ende der guten Hoffnung

Auch Babys sterben. Viele Mütter verlieren ihr Kind vor, während oder kurz nach der Geburt. In Selbsthilfegruppen können Betroffene einander auf ihrem Weg durch die Trauer eine Stütze sein.

Manchmal hört das Leben schon auf, bevor es richtig angefangen hat. Fast jede vierte Schwangerschaft in Deutschland endet vorzeitig mit einer Fehlgeburt. Manche Babys sterben, kaum dass sie das Licht der Welt erblickt haben, bereits wenige Stunden nach ihrer Geburt. Andere Kleinkinder, die gesund und lebendig sind, bevor sie einschlafen, werden später tot in ihrem Bettchen gefunden. Zwei bis drei Babys sterben in Deutschland jeden Tag auf diese Weise – plötzlich und unerwartet. Mit 40 Prozent ist der plötzliche Säuglingstod in Deutschland bei Kindern unter einem Jahr die häufigste Todesursache. Der Tod eines noch so kleinen Wesens löst tiefe Trauer aus, lässt Mütter oft völlig hilflos zurück.

Ursula Kunad ist eine dieser Mütter. »Es ist so schwer zu akzeptieren, dass ein Kind stirbt, dessen Leben gerade erst Gestalt anzunehmen versuchte«, sagt sie. Ursula Kunad erlitt mehrere Fehlgeburten, die erste 1988. Im dritten und im fünften Monat der Schwangerschaft fand ihre gute Hoffnung ein jähes Ende. Sie fühlte sich jedesmal sehr allein. Zum einen, weil sie durch die vorzeitige Geburt ihr Kind, das sie schon in sich gespürt, unwiderruflich verloren hatte. Zum anderen, weil sie nicht wusste, wohin sie mit ihrer Trauer gehen sollte. Viele Menschen glauben ja, dass es bei so frühen Verlusten gar keinen Grund zur Trauer gebe. Sie sagen: »Es war ja noch gar kein richtiges Kind.« Bemerkungen, die den Schmerz noch verstärken, wie Ursula Kunad selbst erfahren hat, denn sie weiß: »Die Tiefe der Bindung an das Kind bestimmt die Tiefe der Trauer, nicht das Stadium der Schwangerschaft.«

David war schon ein »richtiges Kind«. Er kam im siebten Schwangerschaftsmonat zur Welt. Aber seine Lunge war nicht voll ausgebildet. David starb noch am Tag seiner Geburt. Ursula Kunads erste Begegnung mit ihrem Sohn war Begrüßung und Abschiednehmen zugleich. »Er ist in meinen Armen gestorben. Ich habe ihn noch stundenlang gehalten«, erinnert sie sich: »Ich hätte ihn am liebsten die ganze Nacht gehalten.« Der Abschied von David war anders als bei den vorangegangenen, frühzeitigen Verlusten. Er war greifbar. Liebevoll gestaltete Ursula Kunad diesen Abschied zusammen mit ihrer Familie. Auch ihre beiden Kinder, die sie mittlerweile zur Welt gebracht hatte, vier und sechs Jahre alt, nahmen Abschied von ihrem kleinen Bruder, legten ihm noch etwas in den winzigen weißen Sarg.

Wer Ursula Kunad heute begegnet, sieht eine Mutter im Kreis einer glücklichen Familie. Aber das ist eben nicht die ganze Geschichte. Ursula Kunads Glück ist von Trauer durchwebt. »Ich liebe meine Kinder«, sagt sie: »Aber meine lebenden Kinder können mir die toten nicht ersetzen.« Mit ihrer Trauer stand sie lange alleine. Sie fühlte sich unverstanden. Nach den frühzeitigen Verlusten von Kindern sagte man ihr, sie könne ja wieder schwanger werden. Solche Bemerkungen verletzten sie tief: »Es ist eine absolute Missachtung des Schmerzes.« Heute weiß sie, dass viele Frauen die gleiche leidvolle Erfahrung machen müssen.

Ursula Kunad suchte den Gedankenaustausch mit

gleichfalls Betroffenen, um ihren Schmerz besser zu bewältigen und anderen Frauen aus ihrer Isolation zu helfen. Im Februar 2000 gründete sie die Selbsthilfegruppe »Leere Wiege«. Einmal im Monat treffen sich im Selbsthilfehaus Würzburg Menschen, deren Leben vom frühen Tod eines Kindes überschattet wurde. Zu ihnen gehört auch Christiane Bonk, die mehrere Kinder während der Schwangerschaft verloren hat. »Die toten Kinder begleiten mich. Sie sind in meinen Gedanken«, sagt die 34-Jährige. In ihrem Freundeskreis war für diese Gedanken wenig Raum. Die Gespräche in der Selbsthilfegruppe haben ihr geholfen: »Weil hier meine Trauer einen Platz gefunden hat.«

Mit einem Baby stirbt auch ein Lebensentwurf: »Alles, was man sich gewünscht und vorgenommen hat, wird mit einem Schlag zunichte gemacht«, sagt Christiane Bonk. Die Erfahrung, einen vergleichbar schweren Verlust erlitten zu haben, verbindet. Die Selbsthilfegruppe setzt Gemeinsamkeit gegen die Einsamkeit. Die Fähigkeit, den Schmerz des Gegenübers wirklich nachzuempfinden, macht es möglich, sich gegenseitig zu stützen, voneinander zu lernen und gemeinsam Wege aus der Klage und Verzweiflung zu finden. Auch die Gefühle der Schuld und des Versagens, die nach dem frühen Verlust eines Kindes von vielen Frauen Besitz ergreifen, können gemeinsam besser bewältigt werden. Es ist ein Geben und Nehmen. Wer selbst bereits ein Stück des Trauerwegs gegangen ist, kann andere besser begleiten. Christiane Bonk hat aus den gemeinsamen Erfahrungen viel gelernt. Sie weiß: »Es wird nie vorbei sein. Aber es wird anders.«

Selbsthilfegruppen für Trauernde bieten Informationen und Hilfe an. Am wichtigsten aber ist die Bereitschaft, das Leid des Nächsten mitzutragen. Ein Mitleiden, das verbindet und Halt gibt. Dennoch werden Selbsthilfegruppen, in denen sich Betroffene ohne professionelle Hilfe austauschen, von manchen Experten kritisch beurteilt. Aber was bedeutet denn professionell? Wer sind die Experten in Sachen Trauer?

Es sind vor allem jene, die Trauer selbst durchleiden müssen. Denn sie wissen meist sehr genau, wovon sie reden, wenn sie über Trauer sprechen. Ihr Wissen und ihr Erfahrungsschatz stammen nicht aus Büchern und Seminaren, nicht aus zweiter und dritter Hand. Das Leid, das Trauernde erfahren haben, macht sie glaubwürdig und vertrauenswürdig. Daher fühlen sich viele Trauernde von Leidensgenossen oft besser verstanden als von berufsmäßigen Helfern. Das Mitleiden an einem menschlichen Schicksal ist nun einmal eine andere Kategorie als der professionelle, aber distanzierte Versuch, mit Worten zu helfen.

»Ich kann keine Therapie anbieten. Ich möchte mich nur mit ebenfalls Betroffenen austauschen. Sie profitieren von meinen Erfahrungen und ich von den ihren«, sagt Ursula Kunad. Es sind Erfahrungen ganz besonderer Art: Die Trauer um ein Baby, um ein Kind, das schon während der Schwangerschaft stirbt, ist gesellschaftlich noch weniger akzeptiert als die Trauer um einen Menschen, mit dem ein Bild, mit dem Erinnerungen verbunden werden können. Für Mütter, die ihr Kind früh verloren haben, ist aber oft gerade dieser besondere Umstand des Verlusts so schmerzlich: Sie trauern auch um den gemeinsamen Weg, den sie mit diesem Kind nicht gehen konnten. Die Selbsthilfegruppe »Leere Wiege« gibt ihnen die Erlaubnis zu trauern. Sie vermittelt ein Stück Geborgenheit in einer Welt, die aus den Fugen geraten ist.

Begegnungen unter dem Regenbogen

Wenn ein Kind an Krebs erkrankt, kann die Angst übermächtig werden. Auch in dieser schweren Zeit gibt es für betroffene Familien Begleitung und Hilfe.

Lebensbedrohliche Krankheiten können jeden Menschen treffen. Jederzeit. Nicht erst im Alter. Manchmal schlagen sie wie ein Blitz aus heiterem Himmel in ein junges Leben ein. Jahr für Jahr erkranken in Deutschland 2000 bis 3000 Kinder an Krebs. Die Diagnose ist noch lange kein Todesurteil. Zwei Drittel der an Leukämie oder Hirntumoren erkrankten Kinder werden heute geheilt. Für viele nimmt der böse Anfang so ein gutes Ende. Für andere nicht. Sie sterben.

So wie Manuel. Der Junge war sechs Jahre alt, als bei ihm ein Hirntumor festgestellt wurde. Zuvor war er auffällig oft müde gewesen und hatte über Unwohlsein geklagt. Auf der Station Regenbogen der Universitäts-Kinderklinik Würzburg wurde er operiert, mit Chemotherapie und Bestrahlung behandelt. Manuel ertrug die Behandlungen tapfer. Er gewöhnte sich bald ein, denn auf der Station Regenbogen ist sehr viel Leben: Die Kleinen fahren mit dem Dreirad oder dem Bobbycar, spielen mit Bauklötzen oder Playmobil-Figuren. Für ältere Kinder gibt es inzwischen sogar Laptop und Internet. Die Kinder reden, spielen miteinander, schließen Freundschaften. Manuels Eltern kamen natürlich auch, so oft sie konnten. Und sie freuten sich so sehr mit ihrem Sohn, als nach einem Jahr keine Krebszellen mehr feststellbar waren.

Sechseinhalb Jahre später, kurz vor Manuels 14. Geburtstag, war wieder ein Tumor da. Diesmal war die

Krankheit stärker als Manuels starker Wille, wieder gesund zu werden. Der Junge spürte dies selbst als erster. Und er spürte die Angst seiner Eltern, ihre große Sorge um ihn. »Ich schlaf jetzt, schlaf du auch«, sagte er zu seinem Vater, der erschöpft neben seinem Bett saß. In den letzten Tagen seines Lebens wünschte sich Manuel, alle noch einmal zu sehen. Er spürte, dass ihm nicht mehr viel Zeit blieb. Er wollte bleiben, und wusste doch, dass es nicht möglich war. Und er war erleichtert, als ihm seine Mutter schweren Herzens, aber voller Hoffnung sagte: »Wenn du nicht mehr kämpfen kannst, musst du nicht mehr kämpfen. Wir treffen uns später alle wieder.«

Als Manuel starb, war er nicht allein. Und er starb mit dem Versprechen, mit der Hoffnung, mit dem Glauben, niemals allein zu sein. Auch Manuels Eltern, in deren Leben der Tod des Jungen, ihres einzigen Kindes, ein tiefes Loch gerissen hat, waren mit ihrer Trauer nicht allein. Sie haben frühzeitig erfahren, dass auch andere Eltern um das Leben eines Kindes bangen, den Tod eines Kindes beweinen. Das nimmt den Schmerz nicht weg. Aber es schafft Gemeinschaft, aus der Trost und Kraft erwachsen können.

So wie Manuel auf der Station Regenbogen mit anderen kleinen Patienten zusammenkam, haben sich seine Eltern in dieser schweren Zeit mit Vätern und Müttern kranker und verstorbener Kinder getroffen – um sich auszutauschen, sich gegenseitig zu stützen, sich Mut zu machen. Auch nach Manuels Tod kam seine Mutter noch auf die Station Regenbogen, um andere kranke Kinder zu besuchen. Das eigene Leid macht empfänglich für das Leid anderer. So entstehen neue Perspektiven, wo es keine Zukunft mehr zu geben scheint. Begegnungen unter dem Regenbogen.

Mechthild Ritter, Seelsorgerin auf der Station Regenbogen, setzt sich dafür ein, dass aus diesen Begegnungen Gutes erwächst. Seit 1989 begleitet die Diplom-Pädagogin kranke Kinder und ihre Eltern. Sie hat in dieser Zeit viel Leid gesehen, aber auch viel Liebe, die hilft, das Schwere zu bestehen. Und sie hat erfahren, dass Kinder oft sehr viel mehr vom Tod verstehen, als wir glauben. »Kinder, die sterben, wissen dies meist als erste – auch wenn es die Eltern noch nicht wahrhaben wollen«, sagt Ritter. Kinder spüren, ebenso wie Erwachsene, wenn die Kraft aus ihrem Körper weicht, wenn sie sich auf einem Weg befinden, der sie aus dieser Welt wegführt. Sie brauchen dann Nähe, Verständnis und die Erlaubnis zu gehen – auch wenn es unsagbar schwer ist, einem geliebten Menschen diese Erlaubnis zu geben.

Die Angst vor dem Ungewissen bedrückt Kinder. Wo gehe ich hin? Wie wird es dort sein? Werde ich allein sein? Das sind für sterbende Kinder entscheidende Fragen, sagt Ritter. »Wohin du auch gehst, du kannst uns immer nahe sein«, ist nach Erfahrung der Seelsorgerin eine Antwort, mit der Eltern ein Kind beruhigen, es ihrer dauerhaften Nähe und Liebe versichern können.

»Für Eltern ist es oft schwieriger als für Kinder, über den Tod zu sprechen«, weiß Ritter. Eltern wollen ihr Kind nicht entmutigen, es vor allem Schlimmen, auch vor schlimmen Gedanken bewahren. Aber Kinder haben Fragen, und sie fragen nach dem Tod. »Sie fragen aber nur in dem Ausmaß, in dem Eltern bereit sind, auf diese Fragen zu antworten«, hat Ritter immer wieder erfahren. »Wenn Eltern versuchen, sich nichts anmerken zu lassen, dann verhalten sich Kinder genauso.«

In Gesprächen, bei Spielen oder anderen Unternehmungen versucht Ritter herauszufinden, was Kinder und ihre Eltern gerade brauchen. Sie versucht, Mut zu machen, ermutigt aber auch dazu, traurig zu sein. Fröhlich-Sein braucht menschliche Nähe. Traurig-Sein noch viel mehr. »Es ist nicht meine Aufgabe, das Leid wegzureden«, sagt Ritter. »Meine Aufgabe ist es, das Leid zuzulassen, es mit auszuhalten.« Die Seelsorgerin hilft Kindern und ihren Eltern dabei, die schmerzliche Realität der Krankheit und ihrer Folgen Stück für Stück an sich heranzulassen. Viele Eltern stellen ihr Leben in dieser Situation völlig um, um ihr krankes Kind zu umsorgen. Je schwerer die Situation wird, desto größer werden oft die Kräfte, die Eltern entwickeln. Sie versuchen, möglichst viel Lebensqualität in den letzten Lebensabschnitt ihres Kindes zu legen, das Leben gemeinsam zu gestalten, solange dies möglich ist.

Die Nähe vertrauter Personen hat großen Einfluss auf den Heilungsprozess. Sie ist noch wichtiger, wenn eine Heilung nicht mehr zu erwarten, wenn die verbleibende Zeit begrenzt ist. Zusammen mit dem Pflegepersonal, dem psychosozialen Team der Station Regenbogen und der Elterninitiative leukämie- und tumorkranker Kinder versucht Mechthild Ritter, diese Zeit mit Liebe und Leben zu erfüllen. Wenn ein Kind stirbt, ist ihre Arbeit noch lange nicht zu Ende. Sie hält Kontakt zu den Eltern und nimmt regelmäßig an Treffen verwaister Eltern teil. Gemeinschaft hilft, das Schwere zu ertragen und neue Perspektiven zu finden. Aus dieser Erkenntnis heraus hat Ritter zusammen mit der Elterninitiative leukämie- und tumorkranker Kinder ein Projekt entwickelt, das von der Deutschen Leukämie-Forschungshilfe ausgezeichnet wurde: ein Wochenende, das Familien, die ein Kind durch Krebs verloren haben, gemeinsam verbringen.

Einmal im Jahr treffen sich Eltern und Geschwister gestorbener Kinder, um Erfahrungen auszutauschen und gemeinsam etwas zu unternehmen. Besonders für Kinder, die einen kleinen Bruder oder eine kleine Schwester verloren haben, ist die Begegnung mit anderen Kindern, die das gleiche Schicksal tragen, wichtig. Während dieses Ferienwochenendes gibt es viel Platz für Trauer, die im Alltag meist wenig Beachtung findet, aber auch für Fröhlichkeit und Aktivitäten. Gespräche, Spiele, Unternehmungen in der Natur. Begegnungen unter dem Regenbogen.

Die Treffen stehen unter dem Motto: »Es gibt ein Leben nach dem Tod«. Ebenso wichtig aber ist die Rückschau auf das Leben der Kinder, die nicht mehr da sind. Denn die Erinnerung, vor allem das gemeinsame Erinnern, gibt Kraft und verbindet. Während der Familien-Wochenenden, bei denen rund 25 Erwachsene und ebenso viele Kinder mit Pädagogen und Seelsorgern Wege durch die Trauer zu finden versuchen, gibt es viel Zeit für Erinnerungen. Eltern werden ihre Kinder niemals vergessen. Aber es ist tröstlich für sie, zu wissen, dass sie auch in der Erinnerung anderer weiterleben.

So wie Manuel. Mechthild Ritter wird ihn nicht vergessen, ebenso wenig wie die vielen anderen Kinder, die sie in schwerer Zeit begleitet hat. »Bleiben Sie Manuel und seinen Eltern treu«, sagte sie in ihrer Traueransprache bei der Beerdigung des Jungen: »Sein Name soll immer wieder genannt und erinnert werden, auch wenn Jahre vergangen sind, damit alle wissen: Manuel gab es, und er lebt unsterblich in der Liebe.«

Wenn Menschen trotz leidvoller Erfahrungen nicht aufgeben und ihrem Schicksal etwas entgegenzusetzen versuchen, können auch schlimme Ereignisse Positives bewirken. Die Elterninitiative leukämie- und tumorkranker Kinder ist ein Beispiel dafür. Sie hat vieles in

Bewegung gebracht und ist heute aus dem Klinikalltag nicht mehr wegzudenken.
Christel Lochner war von Anfang an dabei. Sie hat die Elterninitiative mit aufgebaut, und bei ihr laufen noch heute viele Fäden zusammen. Sie ist fast jeden Tag im Einsatz – am Telefon, im Gespräch mit betroffenen Eltern oder auf der Station Regenbogen, wo die kleinen Patienten behandelt werden. Wer der 61-Jährigen begegnet, die so viel Lebensfreude und Zuversicht vermittelt, kann sich nur schwer vorstellen, dass es in ihrem Leben auch sehr dunkle Zeiten gab – und manchmal immer noch gibt.
Burkard, Christel Lochners jüngster Sohn, war gerade vier Jahre alt, als er an Leukämie erkrankte. Der Diagnose folgten drei Jahre voller Hoffen und Bangen. Trotz aller Bemühungen starb Burkard im Alter von nur sieben Jahren. Das war 1983. Sein Todesjahr war zugleich das Geburtsjahr der Elterninitiative leukämie- und tumorkranker Kinder. Sie habe selbst sehr viel Kraft von gleichfalls betroffenen Eltern bekommen, sagt Christel Lochner, bei privaten Treffen und Begegnungen in der Klinik. »Der Austausch ist wichtig, um das Schlimme zu verarbeiten. Und damit man lernt, mit der Situation umzugehen.«
Die Diagnose einer schweren Erkrankung verändert das Leben von Grund auf, auch wenn viele der Kinder geheilt werden können. Fachlicher Rat und menschlicher Beistand sind in dieser Situation besonders wichtig. So entstand die Idee, bei regelmäßigen Treffen Erfahrungen auszutauschen und sich gegenseitig zu stützen. Und noch viel mehr: »Wir wollten auch denen helfen, die einmal den gleichen Weg gehen müssen«, sagt Christel Lochner. Vor allem den Kindern, die plötzlich Chemotherapien und andere Behandlungen über sich

ergehen lassen müssen und so schon sehr früh aus ihrer heilen Welt herausgerissen werden.
Im Frühjahr 1983 trafen sich einige Mütter und Väter betroffener Familien zum ersten Mal. Ein Jahr später wurde aus der Elterninitiative ein gemeinnütziger Verein. Heute zählt die Elterninitiative rund 500 Mitglieder. Ihr Motto: »Die Diagnose können wir nicht ändern, aber wir können das gesamte Umfeld positiv beeinflussen.« Durch den menschlichen Beistand, den die ehrenamtlichen Mitglieder leisten, und den gezielten Einsatz von Spenden hat die Elterninitiative viel zur Verbesserung der Situation betroffener Familien beigetragen. Sie sorgte zum Beispiel dafür, dass die Station Regenbogen familienfreundlich gestaltet wurde – mit bunter Bettwäsche, einem Spielzimmer mit Büchern, Bastelmaterial und vielem anderen mehr. Eltern können die Stationsküche mitbenutzen, die Krankenzimmer wurden so eingerichtet, dass eine Kontaktperson dort übernachten kann.
Der Verein finanziert mittlerweile sieben Wohnungen nahe der Klinik, die Eltern während des Krankenhausaufenthaltes ihres Kindes nutzen können, damit sie nicht zusätzlich zu ihren Sorgen täglich noch lange Anfahrtswege in Kauf nehmen müssen, wenn sie in weiter entfernten Orten wohnen. Oft werden die Wohnungen auch von Mutter und Kind bewohnt, wenn das Kind zwar täglich behandelt werden, aber nicht auf der Station bleiben muss. Die Elterninitiative finanziert eine ambulante Kinderkrankenschwester und unterstützt die so genannte Tagesklinik, in der Kinder tagsüber therapiert werden und die Nacht zu Hause verbringen können. Sie hilft in Einzelfällen auch ganz konkret durch Zuwendungen, wenn Familien oder allein erziehende Mütter durch die Krankheit eines Kin-

des in finanzielle Not geraten. Und sie unterstützt die medizinische Forschung, zum Beispiel eine Hirntumor-Studie, um so künftig die Heilungschancen zu verbessern. Denn auch wenn die Diagnose nicht zu ändern ist, gibt es viel zu tun.

»Wenn das eigene Kind schwer krank wird, hat man das Gefühl, von Gott und der Welt verlassen zu sein«, weiß Christel Lochner. »Da braucht man Menschen, die es mit einem aushalten, die mit einem reden, die helfen.« Wenn heute jemand in dieser Situation fragt, wer hilft mir, können die Mitglieder der Elterninitiative sagen: »Wir helfen euch.« Neben der konkreten Beratung und Unterstützung auf der Station gibt es regelmäßige Gesprächsangebote für Eltern in und außerhalb der Klinik, Familientreffen oder gemeinsame Freizeiten von erkrankten und geheilten Jugendlichen.

Die Elterninitiative war für viele betroffene Familien ein Rettungsanker in der Not, und sie wird es weiter sein. Sie unterstützt Eltern auch dann, wenn der schlimmste Fall eintritt, alle Bemühungen nichts helfen und ein Kind stirbt. Gerade dann. Mehrmals im Jahr treffen sich verwaiste Eltern, um über ihre Trauer und ihre Probleme nach dem Tod eines Kindes zu sprechen. Über das, was bleibt. Und darüber, wie es weitergeht. Dabei entstehen neue Kontakte, die in dieser schweren Zeit besonders wichtig sind und weiter tragen. Einmal im Jahr treffen sich alle zu einem großen Sommerfest, um sich wiederzusehen, Erfahrungen auszutauschen und gemeinsam nach vorne zu blicken. Begegnungen unter dem Regenbogen. Die Elterninitiative ist eine Gemeinschaft, die trägt – und mittlerweile selbst eine große Familie geworden.

Gemeinsame Schritte in die Zukunft

Der Tod eines Elternteils stürzt junge Familien in Trauer und zwingt sie, ihr Leben neu zu organisieren. Das Modellprojekt »Nova« eröffnet Perspektiven.

Wenn in einer Familie der Vater oder die Mutter an Krebs stirbt, trifft die Kinder und den überlebenden Partner nicht nur der Schmerz des Verlusts. Auch das vertraute Familien-Gefüge bricht auseinander. Die Psychosoziale Beratungsstelle Würzburg der Bayerischen Krebsgesellschaft hat ein Modellprojekt ins Leben gerufen, das Betroffenen in dieser Situation Halt geben und Mut machen will.

Beate (Name geändert) hat ihren Mann vor knapp einem Jahr durch ein Krebsleiden verloren. Sein Tod ist für sie immer noch schwer zu begreifen. Er stand mitten im Leben, war erst 39 Jahre alt – genauso alt, wie sie jetzt ist. Neben Beate blieben auch die drei gemeinsamen Kinder zurück: eine heute 18-jährige Tochter und zwei Söhne, 16 und elf Jahre alt. Nach dem Tod ihres Mannes fiel Beate seelisch in ein tiefes Loch, und niemand hat sie aufgefangen. Die Kinder trauerten ebenfalls sehr, aber sie konnten oder wollten nicht über ihre Sorgen und Nöte sprechen.

Es ist schwer, das Leben zu meistern, wenn der Schmerz alle Energie auffrisst. Aber Beate musste sehen, wie sie zurechtkommt, denn die Kinder waren jetzt noch stärker auf sie angewiesen. Die Musik gab ihr in stillen Stunden Kraft, besonders Eric Claptons Lied »Tears in Heaven«, in dem es heißt: »Du musst stark sein, du musst weitergehen«. Darauf hatte sie ihrem Mann ja ihr Wort gegeben, bevor er starb: »Ich habe ihm versprochen, es auch alleine zu schaffen. Also muss ich es schaffen«, sagt Beate. Aber ganz alleine geht es manchmal eben doch nicht. Als sie von dem Projekt »Nova« erfuhr, musste sie nicht lange überlegen und meldete sich an.

Die Deutsche Krebsgesellschaft bietet Patienten und Angehörigen Beratung bei Fragen und Problemen im Zusammenhang mit einer Krebserkrankung an. Sie versucht, Betroffene bei der Bewältigung der Krankheit und ihrer Folgen seelisch zu unterstützen und zu ermutigen, mit der veränderten Lebenssituation umzugehen. Krebserkrankungen lassen sich oft sehr gut behandeln. Aber eben nicht immer. Wenn ein Mensch stirbt, bleiben seine Angehörigen mit ihrer Trauer zurück. Die Beratungsstellen bieten auch dann Hilfe an, wenn nach dem Tod eines Angehörigen keine Hilfe mehr möglich scheint.

»Nova« ist ein Angebot der Bayerischen Krebsgesellschaft für Familien, in denen ein Elternteil an Krebs gestorben ist. Wenn der Vater oder die Mutter stirbt, fühlen sich der überlebende Ehepartner und die Kinder oft in ihrem Schmerz isoliert. Weil sie keine andere Familie kennen, die ebenfalls versuchen muss, das Leben trotz eines so schweren Schicksalsschlags wieder anzunehmen und neu zu organisieren. Zusammen mit der Familien-Therapeutin Waltraud Stubenhofer hat Evelyn Flohr-Schmitt von der Psychosozialen Beratungsstelle daher das Projekt »Nova« ins Leben gerufen: eine Gruppe, in der Betroffene Erfahrungen austauschen und unter fachkundiger Begleitung gemeinsam Wege aus der Krise suchen können.

Annika (Name geändert) hatte schon während der Krankheit ihres Mannes Kontakt zur Beratungsstelle der Krebsgesellschaft. »Ich war hilflos, weil ich trotz aller Bemühungen seine Krankheit nicht aufhalten konnte«, erinnert sich die 40-Jährige. Ihr Mann starb vor zwei Jahren, er wurde 38 Jahre alt. Zusammen mit ihren drei Kindern, heute zwölf, 18 und 21 Jahre alt, hat sie eine schwere Zeit durchlebt. Trost fand sie in der Erinnerung an ihren Mann: »Er hat mir viel Kraft gegeben, auch im Nachhinein. Weil wir eine gute Beziehung hatten«, sagt Annika. »Aber manchmal braucht man doch einen Anstoß, um weiterzumachen.« Deshalb war auch sie dankbar, am Projekt »Nova« teilnehmen zu können.

Fünf Treffen gab es in den Räumen der Psychosozialen Beratungsstelle, bei denen sich Menschen trafen, die ein gemeinsames Schicksal verbindet: sie müssen nach dem Tod des Partners das Leben alleine meistern. Im Zentrum der Begegnungen und Gespräche standen Fragen wie: Wie gehe ich mit meiner Trauer, mit der meiner Kinder um? Was ist im Alltag schwer zu bewältigen? Wie organisiere ich unser Leben neu? Was sind wichtige Schritte in die Zukunft – für mich, meine Kinder, die ganze Familie?

Abschluss des Projekts war ein gemeinsames Wochenende für die hinterbliebenen Ehepartner und Kinder – fünf Erwachsene und zwölf Kinder und Jugendliche im Alter von vier bis 23 Jahren. Auf einer zum Tagungshaus umgebauten Burg konnten die Familien gemeinsam auf den erlittenen Verlust zurückblicken und sich Gedanken über ihre Zukunft machen. Auf dem Programm standen auch Spiele und Unternehmungen in der Natur. »Vor allem für die Kinder war es wichtig, Altersgenossen kennen zu lernen, die ebenfalls ein Elternteil verloren haben. So konnten sie sehen, dass auch andere Gleichaltrige mit einem schweren Verlust leben müssen, dass sie mit dieser Situation nicht allein

sind«, berichtet Flohr-Schmitt. Dies bestätigt auch Christine (Name geändert), die mit ihrer zehnjährigen Tochter und ihrem 17-jährigen Sohn an dem Familien-Wochenende teilnahm. »Ich habe mir Sorgen um die Kinder gemacht. Sie konnten nach dem Tod ihres Vaters nicht darüber reden. Besonders unsere kleine Tochter hat sehr gelitten. Das hat mir so weh getan.«
Ihren Kindern und ihr selbst habe es Mut gemacht, Menschen kennen zu lernen, die mit der gleichen Situation fertig werden müssen, sagt die 42-Jährige. »Es gibt immer noch Tage, an denen es weh tut. Aber nach diesem Wochenende konnten wir sagen: Wir schauen jetzt nach vorn.«

Im Labyrinth aus Wut und Tränen

Wenn ein Mensch seinem Leben aus eigenem Entschluss ein Ende setzt, ist das Trauern besonders schwierig. Auch in dieser Situation können Hinterbliebene Hilfe erfahren.

Manchmal scheint eine Situation so ausweglos, dass die Angst vor dem Leben größer ist als die Angst vor dem Tod. Viele Menschen, die an schweren Depressionen leiden oder aus anderen Gründen plötzlich ihr seelisches Gleichgewicht verlieren, sehen nur noch einen Ausweg: Sie nehmen sich das Leben. In Deutschland sterben mehr Menschen durch Suizid als durch Verkehrsunfälle. Rund 11 000 Menschen setzen nach offiziellen Angaben jedes Jahr ihrem Leben ein Ende. Die wirkliche Zahl liegt im Dunkeln. Nach Schätzungen der Deutschen Gesellschaft für Suizidprävention unternehmen Jahr für Jahr mehr als 100 000 Menschen einen Versuch, ihr Leben zu beenden.

Niemand geht freiwillig aus dem Leben. Deshalb führt der Begriff »Freitod« in die Irre. Menschen, die ihr Leben aus eigenem Entschluss beenden, glauben, keine andere Wahl zu haben. Sie stehen vor einer Wand, sehen keinen Ausweg mehr. Meist ist es nicht so, dass sie nicht mehr leben wollen. Sie wollen nur *so* nicht mehr weiterleben. Oft ist es nicht einmal Vereinsamung, die Menschen dazu treibt, Hand an sich zu legen. Viele Suizid-Opfer haben Familie, Geschwister, einen Lebenspartner, enge Freunde. Von jeder Selbsttötung sind im Durchschnitt fünf bis sechs Angehörige betroffen, die mit ihrer Trauer zurückbleiben.

Wenn ein geliebter Mensch seinem Leben selbst ein

Ende setzt, ist die Trauer oft kaum zu bewältigen. Zum Schmerz über den Verlust kommen viele quälende Fragen: Warum konnten wir dir nicht helfen? Warum hast du das getan? Warum hast du uns das angetan? Hinterbliebene quält das Gefühl, ihre Liebe sei nicht groß genug gewesen, um einen Menschen im Leben zu halten. Sie fühlen sich schuldig, glauben, versagt zu haben. Zur Trauer kommt oft Wut auf den Menschen, der sich das Leben genommen hat. Zusätzlich erschwert wird der Schmerz durch ausgesprochene oder unausgesprochene Vorwürfe vieler Mitmenschen.

Wohin mit all diesen Gefühlen, mit all dieser Trauer? »Viele wissen nach einem Suizid überhaupt nicht, wie sie sich verhalten sollen«, sagt Ulrich Kamm. Der Diplom-Psychologe ist Leiter des Krisendienstes Würzburg, der Menschen, die nicht mehr weiter wissen, Hilfe anbietet – am Telefon oder im direkten persönlichen Gespräch. Die Mehrheit der Ratsuchenden ist selbst suizidgefährdet. Immer wieder melden sich aber auch Hinterbliebene, die mit ihrer Trauer nach einem Suizid nicht zurechtkommen. Im Frühjahr 2001 hat Kamm deshalb erstmals eine Gesprächsgruppe für Menschen angeboten, die eine nahe stehende Person durch Suizid verloren haben. Wie groß das Bedürfnis Hinterbliebener ist, über ihre Trauer zu sprechen, wurde schnell deutlich: Es meldeten sich weit mehr, als die auf zwölf Teilnehmer begrenzte Gruppe aufnehmen konnte.

Manche Angehörige eines Suizid-Opfers werden von schweren Schuldgefühlen geplagt. Andere packt eine gewaltige Wut auf den Menschen, der ihnen durch seine Selbsttötung solchen Schmerz zugefügt hat. Bei vielen kommt beides zusammen. Diese Wellen der Emotion überdecken die eigentliche Trauer. »Wir versuchen dabei zu helfen, einen festgefahrenen Trauerprozess wieder in Bewegung zu bringen«, sagt Kamm. Die von ihm geleitete Gesprächsgruppe gibt Hinterbliebenen Anregungen, all diese widersprüchlichen Gefühle einzuordnen, und Orientierung, um die eigene Position im Leben wiederzufinden.

In der Gesprächsgruppe konnten Angehörige ein Stück auf dem Weg ihrer Trauer gemeinsam zurücklegen. Aber ein langer Weg liegt noch vor ihnen. Nach dem zeitlich auf sechs Treffen begrenzten Gesprächskreis des Krisendienstes gründeten die Teilnehmer die Selbsthilfegruppe »Angehörige um Suizid« (Agus) – um sich weiterhin gegenseitig zu stützen und um anderen Trauernden nach einer Selbsttötung menschliche Nähe und Hilfe anzubieten.

Brigitte (Name geändert) trauert um ihren Mann, der sich im Alter von 57 Jahren das Leben genommen hat. Ohne Vorwarnung. Er kam eines Tages von der Arbeit nicht mehr nach Hause. Stunden später erhielt sie die Nachricht von seinem Tod. Sie konnte es erst nicht glauben, konnte gar nichts verstehen. Es hatte keine Eheprobleme gegeben. Ihr Mann war ein ruhiger, in sich gekehrter Mensch. Er litt an Schlaflosigkeit, Überarbeitung und daran, dass seine berufliche Leistungsfähigkeit immer mehr nachließ. Nach einer dienstlichen Abmahnung, die sein Selbstbild erschütterte, setzte er seinem Leben ein Ende. Brigitte macht sich Vorwürfe: »Ich hätte etwas merken müssen.« Aber sie macht auch ihrem Mann Vorwürfe: »Ich fühle mich nicht nur allein gelassen, ich fühle mich verlassen. Wir waren 30 Jahre lang verheiratet. Hätten wir da nicht offen miteinander reden können?«

Brigitte fühlte sich nicht nur von ihrem Mann, sondern von vielen allein gelassen. Menschen gingen ihr aus dem Weg. »Ich hatte das Gefühl, dass jeder mit dem Finger auf mich zeigt und sagt: Das ist die, deren Mann sich umgebracht hat!« Spekulationen trieben wilde Blüten, wühlten in ihrem Privatleben: »Jeder will eine Erklärung haben, auch wenn es keine gibt.« Brigitte wurde mit Vorwürfen konfrontiert, auch innerhalb der Familie. Andere sagten: »Er hat es doch nicht anders gewollt. Warum trauerst du?« Nicht einmal das Recht auf Trauer wurde ihr zugestanden. Brigitte suchte Hilfe in einer Gesprächsrunde für Trauernde. »Niemand dort konnte mich wirklich verstehen«, sagt sie, denn sie war die einzige, die von einer Selbsttötung betroffen war. Erst in der Gesprächsgruppe für Suizid-Hinterbliebene und in der Selbsthilfegruppe fand sie Verständnis für ihre besondere Form der Trauer.

Auch Astrid (Name geändert) hat diese Erfahrung gemacht. Ihr ältester Bruder nahm sich vor drei Jahren das Leben. Sein Tod erschütterte die ganze Familie. Nichts war mehr so wie vorher. Astrids zweiter Bruder trauerte besonders stark. Zwei Jahre später ging auch er in den Tod. Astrid war wie gelähmt. Sie konnte mit der Situation nur schwer umgehen, fühlte sich allein gelassen und verraten. Ihre Tränen mischten sich mit Wut, besonders nach dem Tod des zweiten Bruders. »Du hast unseren Schmerz gekannt, die Trauer selbst erlitten«, fragte sie ihn immer wieder in Gedanken: »Wie konntest du uns das nur noch einmal antun?«

Inzwischen ist ihr klar, dass sich ein Suizid nicht gegen Angehörige richtet. »Er wollte uns nichts antun«, sagt sie: »Er sah nur für sich selbst keinen anderen Ausweg mehr.« Bestätigt bekam sie diese Erfahrung auch in Gesprächen mit anderen Betroffenen beim Krisendienst und in der Selbsthilfegruppe. In dem Dorf, in dem Astrid lebt, stellen manche jedoch weiter die Frage nach der Schuld. »Es gibt Spekulationen, Mutmaßungen ohne Ende«, sagt sie: »Das verletzt und belastet.« Was muss das für eine schreckliche Frau, was müssen das für schreckliche Eltern sein, deren Mann, deren Sohn sich das Leben genommen hat! So denken viele. Dabei sind die nächsten Angehörigen von einer Selbsttötung oft genauso überrascht wie alle anderen. Sie sind keine schrecklichen und herzlosen Menschen. Schrecklich und herzlos dagegen ist eine Gesellschaft, die Hinterbliebenen nach einem Suizid mit Vorurteilen und Vorwürfen begegnet, sie noch stärker ausgrenzt als alle anderen Trauernden.

Brigitte und Astrid haben gelernt, damit umzugehen, so wie sie auch mit ihrer Trauer zu leben lernen mussten. Die Selbsthilfegruppe begleitet sie weiter auf ihrem Weg durch die Trauer. Dort können sie von den Erfahrungen anderer lernen, über all das sprechen, was ihnen am meisten zu schaffen macht. Dort wird ihnen klar, dass sie nicht die einzigen sind, die eine so schwere Last zu tragen haben. Dort machen sie sich gegenseitig Mut, weiterzuleben.

Quellen des Trostes und der Kraft

Der Besuch eines Trauerseminars kann dabei helfen, nach einem schweren Verlust wieder ins Leben zurückzufinden.

Mit der Trauer zu leben, als Trauernder weiterzuleben, ist eine Aufgabe, die viele Menschen überfordert. Zu groß ist oft der Schmerz, zu groß die Einsamkeit, zu groß auch die Lücke, die ein geliebter Mensch hinterlassen hat. Viele versuchen, die Trauer von sich weg zu schieben – weil es die Gesellschaft von ihnen erwartet und weil sie glauben, dass alles noch schlimmer wird, wenn sie sich intensiv mit ihr beschäftigen. Andere versuchen, ihre Trauer bewusst zu durchleben. Einigen gelingt dies aus eigener Kraft, mit der Unterstützung von Familienangehörigen und Freunden. Anderen, die auf diese Unterstützung verzichten müssen, gelingt es nicht.

So genannte Trauerseminare, die seit etwa 20 Jahren angeboten werden, können dabei helfen, den Weg durch die Trauer zu finden und zu beschreiten. Die meist in Einrichtungen der Erwachsenenbildung stattfindenden Seminare wollen Menschen, die einen schweren Verlust erlitten haben, Hilfe und Orientierung bieten. Sie richten sich auch an in helfenden Berufen Tätige, die immer wieder mit Tod und Sterben in Berührung kommen und so großen Belastungen ausgesetzt sind. Trauerseminare bieten die Begegnung mit ebenfalls Betroffenen und geben unter fachkundiger Anleitung Anregungen, mit dem Schmerz umzugehen. Bei festgefahrenen Trauerprozessen können sie der erste Schritt zu einem Neubeginn sein.

»Nicht sich hinweg trösten wollen über einen Verlust müsste unser Instinkt sein, vielmehr müsste es unsere tiefe, schmerzhafte Neugierde werden, ihn ganz zu erforschen, die Besonderheit, die Einzigartigkeit gerade dieses Verlusts, seine Wirkung innerhalb unseres Lebens zu erfahren«, schrieb Rainer Maria Rilke.[9] Aufgabe der Auseinandersetzung mit einem Verlust, so Rilke weiter, sei die Überwindung des Negativen, das immer einen Teil des Schmerzes ausmacht. Mit diesen Worten ließe sich auch das Ziel eines Trauerseminars umschreiben. Es versucht, den Ursachen des Schmerzes auf den Grund zu gehen. Es will Möglichkeiten aufzeigen, die Last der Trauer zu tragen, sie zu verarbeiten und umzuwandeln, um sinnvoll weiterleben zu können.

Gerold Neudert, Diplom-Theologe und Krankenhausseelsorger, leitet seit 15 Jahren Trauerseminare. Mehr als 300 Menschen hat er in diesen Veranstaltungen auf ihrem Weg durch die Trauer begleitet. Seine Seminare stehen unter Leitsprüchen wie: »Trauern eröffnet Zukunft. Wie wir mit Trennungsschmerz umgehen können«, oder: »Trauern hat heilende Kraft«. Der Tod eines geliebten Menschen löst tiefen seelischen Schmerz aus. Neudert vergleicht die Trauer mit einer Wunde: »Wenn wir genau hinsehen, die Wunde reinigen und sie verbinden, ist dies heilsam«, sagt er. »Aber in unserer Gesellschaft glauben die meisten, sie müssten so tun, als hätten sie diese Wunde gar nicht.«

In seinen Seminaren schafft Neudert einen Raum, in dem sich Menschen dieser Wunde zuwenden, sich auf unterschiedliche Weise mit ihrer Trauer auseinandersetzen können. »Einen Raum zum Trauern und Weinen zu haben erleben viele als befreiend«, berichtet Neudert. In seine Trauerseminare kommen Menschen, die erst vor kurzem ihren Lebenspartner oder eine andere nahe stehende Person verloren haben. Menschen, deren Verlust schon einige Jahre oder noch länger zurückliegt, die nicht in der Lage sind zu weinen, obwohl sie den Schmerz tief in sich spüren. Menschen, denen Angehörige, Freunde und Kollegen nach dem Tod einer geliebten Person sagen, sie müssten an etwas anderes denken. Auch wenn sie an nichts anderes denken können und wollen.

Ein großer Kreis aus Stühlen umschließt eine bunte Insel aus Tüchern, Blumen, Kerzen und anderen Gegenständen. Ruhige, besinnliche Musik erfüllt den Raum. In einiger Entfernung stehen Tische mit Büchern zum Thema Trauer. In dieser Atmosphäre sollen sich Besucher eines Trauerseminars von Gerold Neudert ganz auf ihren speziellen Verlust konzentrieren können. Nach einer Begrüßungsrunde kann jeder von seiner Trauer erzählen – soviel er möchte, soviel er kann. Gemeinsam denken die Teilnehmer über verschiedene Fragen nach: Was empfinde ich als besonders belastend? Was hilft mir, weiterzuleben? Auf diese Weise wird manches klarer, entstehen neue Perspektiven.

Der Weg durch die Trauer ist schmerzlich, aber heilsam. Bei der Orientierung auf diesem Weg kann auch das Wissen über Phasen und Begleiterscheinungen der Trauer helfen, das Neudert vermittelt. Oder das Nachdenken über literarische Erzählungen, Motive aus der Kunst und biblische Geschichten. »Der Glaube kann eine Quelle des Trostes und der Kraft sein«, sagt Neudert, der als Seelsorger seit vielen Jahren Sterbenden und Trauernden nahe ist. Reaktionen auf seine Seminare haben ihm gezeigt, dass es sich lohnt, den Schmerz auszuhalten, statt vor ihm zu fliehen. Neudert weiß: »Gegen die Traurigkeit hilft nur eines: Trauern.«

Auch Karola Götz-Wittekind will Menschen Wege aufzeigen, mit ihrer Trauer zu leben, ihr durch Trennung und Verlust gestörtes inneres Gleichgewicht wiederzufinden. Sie ließ sich von dem Psychologen und Psychotherapeuten Jorgos Canacakis, der als Begründer der Idee des Trauerseminars gilt, zur Trauerbegleiterin ausbilden und wurde Mitbegründerin von TAU e. V. (Trauer – Abschied – Umwandlung), eines bundesweiten Netzwerks von Trauerbegleitern. Götz-Wittekind, hauptberuflich als Erzieherin tätig, hat bislang in Volkshochschulen und anderen Erwachsenen-Bildungswerken Trauerseminare abgehalten.

»Trauer will gesehen und gehört werden, will sich mitteilen«, sagt Götz-Wittekind. Neben der Aufklärung über Erscheinungsformen von Trauer, der Begegnung mit ebenfalls Betroffenen und dem Nachdenken über das Wesen des eigenen Verlusts spielen Meditationen, Musik und symbolische Handlungen in ihren Seminaren eine wichtige Rolle. Die bewusste Auseinandersetzung mit einem Verlust bezeichnet Götz-Wittekind als »Weiterbildung des Herzens«. Sie will die Erfahrung vermitteln, dass Trauer ein Durchgang, kein Dauerzustand ist: »Der Schmerz muss zugelassen werden. Nur dann kann er sich verwandeln, kann wieder Lebensfreude entstehen.«

Wie Neudert macht Götz-Wittekind deutlich, dass Trauerseminare kein Therapie-Ersatz sein können, dass es keine »schnellen Lösungen« gibt. »Jeder muss auf eigenen Füßen durch die Trauer gehen.« Menschen, die diesen Weg gehen wollen, bietet sie ihre Begleitung an.

»Umwandlung« ist ein zentraler Begriff in Götz-Wittekinds Konzept der Trauerverarbeitung. »Trauer ist keine Krankheit«, sagt sie: »Aber sie kann krank machen, wenn sie nicht gelebt wird.« Wer seine Trauer verdrängt, nicht mit ihr klar kommt, kann depressiv werden oder psychosomatische Krankheiten entwickeln. »Gefühle sind Energie. Wenn sie verdrängt werden, richtet sich diese Energie gegen uns«, erklärt Götz-Wittekind. »Trauern zu können ist heilsam für Leib und Seele. Aber wir haben eine Gesellschaft von Trauer-Verweigerern. Wer ein urmenschliches Gefühl wie Trauer wirklich lebt, wird als Außenseiter behandelt.«

Viele schämen sich ihrer Tränen. Viele haben niemanden, der ihnen zuhört, der bereit ist, das Leid mit auszuhalten. Trauer wird oft verdrängt oder versteckt. Sie hat im Leben meist nicht den Platz, der ihr zusteht. Wenn sie diesen Platz hätte, wären Trauerseminare wohl nicht nötig. So aber füllen sie eine Lücke, welche die Gesellschaft offen lässt.

Der Trauer
Worte geben

»Gib Worte deinem Schmerz:
Leid, das nicht spricht,
presst das beladene Herz,
bis dass es bricht.«[10]

(William Shakespeare)

Verschwunden ist mein heller Stern

Die Trauer ist ein Ausdruck der Liebe, aber auch ein Aufbegehren gegen den Tod, eine Form des Protests. Im »Ackermann« des Johannes von Tepl hat sie eine Stimme gefunden, die auch nach 600 Jahren noch sehr lebendig ist.

Ohne das Glück, das Menschen in ihrem Leben erfahren, gäbe es die Trauer nicht. Denn Trauer beklagt verlorenes Glück. Die nicht trauern, hatten vielleicht gar kein Glück, dessen Verlust sie beklagen können. Wer trauert, fühlt sich meist trotzdem vom Schicksal ungerecht behandelt. Wie sollte es auch anders sein, wenn sich das Glück in Unglück verkehrt, die eigene Welt aus den Fugen gerät! Die Trauer hat die Menschen von Anfang an begleitet. So weit schriftliche Zeugnisse zurückreichen, findet sich Kunde von ihr. Auch eine der bekanntesten Dichtungen des Spätmittelalters hat die Trauer zum Thema. Die Klage über den Verlust eines geliebten Menschen, den der Tod mit sich weggenommen hat, ist so laut und eindringlich, dass sie noch über die Jahrhunderte hinweg nachhallt.

»Grausamer Mörder aller Leute, Ihr Tod, Euch sei geflucht«[11], klagt der Ackermann in der gleichnamigen Schrift des Johannes von Tepl: »Gott, Euer Schöpfer, hasse Euch ... Himmel, Erde, Sonne, Mond, Gestirne, Meer, Gewoge, Berg, Gefilde, Täler, Auen, der Hölle Abgrund, auch alles, was Leben und Wesen hat, sei Euch feind, missgünstig und verfluche Euch in alle Ewigkeit!« Der Ackermann nennt den Tod einen »bösen Trauerbringer« und »Feind aller Menschen«, beschimpft ihn als »Brecher aller Ehen«, weil er ihm die

Frau genommen hat, so wie er irgendwann jedem den Ehepartner wegnimmt. Die Klage über diese Grausamkeit richtet sich indirekt auch gegen Gott: »Herr, in Deiner Schöpfung ist nichts Grässlicheres, nichts Schrecklicheres, nichts Bittereres, nichts Ungerechteres als der Tod.«

Die Worte des Ackermann sind mehr als eine Kritik, eine Beschimpfung des Todes. Sie sind ein wütender Protest, hilfloser Ausdruck der Ohnmacht angesichts des Unbegreiflichen und Unabänderlichen, eine laute Anklage, ein Verzweiflungsschrei. »Der Ackermann« ist ein symbolischer Name: Johannes von Tepl, der das Buch um das Jahr 1400 schrieb, charakterisiert seine Figur als Ackermann, dessen Pflug die Feder ist, also als Autor. Johannes von Tepl, der in Urkunden auch als Johannes de Sitbor oder Johannes von Saaz erscheint, wurde vermutlich in der nordböhmischen Stadt Tepl geboren und war später als kaiserlicher Notar, Schulrektor und Stadtschreiber in der böhmischen Stadt Saaz tätig.

Die Schrift »Der Ackermann«, die auch als »Der Ackermann aus Böhmen« oder »Der Ackermann und der Tod« bekannt wurde, ist ein Streitgespräch zwischen dem Ackermann, der um seine Frau trauert, und dem Tod. Der Tod, der im Mittelalter und in der frühen Neuzeit nicht nur als Ende des Lebens betrachtet, sondern auch als leibhaftige Person dargestellt wurde, hat eine Stimme und verteidigt sich. Das Streitgespräch wird in Form einer Gerichtsverhandlung ausgetragen, in der der Witwer als Kläger auftritt und sich der Tod als Angeklagter rechtfertigen muss. Durch Rede und Gegenrede werden in 33 Kapiteln zwei Positionen deutlich, die scheinbar widersprüchlich sind, aber doch zusammengehören: der Ackermann steht für die Trauer

und das Festhalten an der geliebten Person, der Tod für die Notwendigkeit, sich mit dem Sterben abzufinden.
Der Tod habe ihn tief verletzt, die »helle Sonnenblume« des Glücks aus dem Boden seines Herzens ausgerissen und somit nicht wieder gut zu machenden Raub an ihm begangen, beklagt der Ackermann den Verlust der Geliebten: »Verschwunden ist mein heller Stern am Himmel, zur Ruhe gegangen ist meines Heils Sonne, aufgeht sie niemals mehr.« Der Ackermann nennt den Tod »meines Glückes Dieb, meiner schönen Zeit Stehler, meiner Lust Vernichter« und verflucht ihn erneut: »Euch hasse alles, was da ist im Himmel, auf Erden und in der Hölle.«
Die Trauer beklagt verlorenes Glück. Darauf weist auch der Tod in seiner Verteidigungsrede hin: »Je größer das Glück, das du kennen lernst, desto größer das Unglück, dieses Glück zu entbehren.« Glück und Leid sind zwei Seiten einer Medaille, und »der Freude Ende ist Trauer«. Der Tod argumentiert auch mit den Naturgesetzen und erklärt, die Erde wäre übervölkert mit Menschen und Tieren, wenn noch niemals jemand gestorben wäre. »Die einstmals waren, die sind alle dahin. Du und alle, die jetzt sind oder noch werden, müssen ihnen alle nach«, verkündet der Tod. »Dumm ist, wer da die Sterblichen beweint«, ist die Schlussfolgerung seiner kalten Vernunft.
Eine Erklärung, die dem Ackermann keine Hilfe ist. Er hat seine geliebte Frau allzu früh verloren und ist von der Trauer völlig umfangen. Er erhebt seine Stimme wieder und immer wieder gegen den Tod, der ihm dieses Leid zugefügt hat. »Von Euch bin ich eines freudenreichen Daseins beraubt«, klagt er und erinnert sich an die frohen Stunden an der Seite seiner Frau, die für immer der Vergangenheit angehören: »Betrübt, finster

und zerstört sieche ich dahin und heule ohne Unterlass.« Der Ackermann blickt in die Dunkelheit, die das Licht seines Lebens verschluckt hat: »Die finstere Nacht ist allenthalben vor meinen Augen. Ich glaube nicht, es gäbe etwas, das mir jemals wieder Freude bringen könnte.« In der Zeit schlimmsten Leids gibt es keinen Trost. Auch der Ackermann ist untröstlich und sieht keine Zukunft mehr: »Wahrlich, trauern werde ich immer.«

Das ist das Wesen, die Wahrheit tiefer Trauer. Aber auch der Tod hat eine Wahrheit: »Sobald ein Menschenkind geboren ist, sogleich hat es den Kontrakt besiegelt, dass es sterben muss«, sagt er. Der Tod sieht sich im Recht, reagiert gefühllos und mitleidlos, pocht auf das Gesetz, dass alles vergehen muss, ohne Unterschied: »Deine Klage ist umsonst, sie hilft dir nicht.« Der Tod ist nicht angreifbar, lässt nicht mit sich verhandeln. Die Klage über den Verlust eines geliebten Menschen ist sinnlos, denn sie ändert nichts an der Tatsache des Todes. Aber diese Klage hat eben doch auch ihre Berechtigung, denn sie ist zutiefst menschlich, unabwendbar, hilfloser Ausdruck des Leids: »Unwiderruflich meinen höchsten Schatz habe ich verloren. Soll ich da nicht traurig sein und verzweifelt?«

Die Eindringlichkeit der Klage des Ackermann, die Heftigkeit des Angriffs auf den Tod ist beispiellos, auch wenn die Schrift des Johannes von Tepl literarische Vorbilder hat. Der Ackermann steht in der Tradition der antiken und mittelalterlichen Rhetorik, der lateinischen und deutschen Streitgespräche, die ein Thema von unterschiedlichen Seiten beleuchten und durch Anführung von Argumenten und Gegenargumenten zur Diskussion stellen. Zu den möglicherweise konkreten Vorbildern des Buches zählt der »Dialogus mortis cum homine« aus dem 12. Jahrhundert, ein Zwiegespräch zwischen Tod und Mensch. Ähnlichkeiten zum »Ackermann« weist auch der »Tractatus de crudelitate mortis« aus dem 14. Jahrhundert auf. In der Abhandlung über die Grausamkeit des Todes wird der Vernichter allen Lebens ebenfalls angeklagt und muss sich verteidigen.

Johannes von Tepl selbst bezeichnete sein Buch in einer kurzen Erläuterung als »Angriff auf das unvermeidliche Geschick des Todes«, in welchem »die Hauptformen der Rhetorik zum Ausdruck kommen«. Unter Literaturwissenschaftlern ist umstritten, ob der Autor aus eigener leidvoller Erfahrung spricht und den Tod einer geliebten Gefährtin literarisch zu bewältigen versucht oder ob er sich des Themas nur bedient, um ein rhetorisches Kunstwerk zu schaffen. Die Antwort auf diese Frage ist für den Leser von heute letztlich bedeutungslos: Der »Ackermann« ist ein Werk, das der Trauer auf besonders eindringliche Weise Worte gibt, dessen Klage auch nach 600 Jahren noch sehr lebendig klingt.

»Worüber soll ich mich nun noch freuen? Wo soll ich nun Trost suchen?« Der Ackermann begreift schließlich, dass seine Klage ihm die Geliebte nicht zurückbringt. Der Tod pocht auf sein Recht – das Recht des Stärkeren, das keine Gnade kennt. Der Ackermann nimmt das Unabänderliche zur Kenntnis und weiß trotzdem nicht, wie er mit seiner tiefen Trauer leben soll. »So beratet und belehrt mich«, wendet er sich an den Tod, »wie ich so unsagbares Leid, so bohrenden Schmerz, so über die Maßen große Trübsal aus dem Herzen, aus dem Gemüt und aus dem Sinn austreiben soll.«

Der Tod hat kein Rezept gegen die Trauer. Er will sich

auch nicht mit ihr beschäftigen. Sein Ratschlag ist ebenso herzlos wie undurchführbar: »Treibe aus dem Herzen, aus dem Sinn und aus dem Gemüt die Erinnerung an das Glück, sogleich bist du des Trauerns enthoben«, antwortet er dem Ackermann: »Sobald du etwas verloren hast und es nicht wiedergewinnen kannst, tue, als sei es dir nie zuteil geworden, und dahin fliegt im Handumdrehen deine Trauer.«

Die Erinnerung an das Glück vertreiben – ein schlechter Rat, der beweist, dass der Tod nichts vom Leben, nichts von menschlichem Empfinden, nichts von der Kraft der Liebe versteht. In seinem Herzen und im Protest gegen die Zumutung des Todes findet der Ackermann schließlich selbst die Antwort auf seine Frage. Er will seiner »Allerliebsten ständig gedenken« und erkennt: »Ist mir ihr Körper auch tot, in meiner Erinnerung lebt sie mir doch immer.«

Der Ackermann stellt die Liebe über den Tod. Er glaubt an diese machtvolle Empfindung, über die selbst der Tod keine Macht hat. Eine Empfindung, die ihre Stärke aus sich selbst heraus gewinnt. Auch wenn der Tod am Ende der Verhandlung Recht bekommt, wird auch der Klage des Ackermann Berechtigung zugestanden. Und trotz seiner aussichtslosen Position formuliert dieser sein Recht auf Trauer. Die abgrundtiefe Verzweiflung, die Zurückforderung der Geliebten, der Protest gegen das Unzumutbare und doch Unabänderliche des Todes sind Teile seiner Bewältigung des schweren Verlusts. Seine Liebe hat sich in Trauer verwandelt, und am Ende wandelt sich die Trauer wieder in Liebe. Der Tod hat nicht das letzte Wort.

So kleine Gaben großer Liebe

Friedrich Rückerts »Kindertodtenlieder« zählen zu den bedeutendsten und bewegendsten Dokumenten der literarischen Auseinandersetzung mit der Trauer.

»In unser Leben tief verwebt / Hat Wurzeln euer Tod geschlagen«[12]: Wie der Tod das Leben verändert, wie die Trauer alles überschattet und von denen, die zurückbleiben, Besitz ergreift, beschreibt Friedrich Rückert in seinen »Kindertodtenliedern«. Der Dichter und Gelehrte, der 1788 in Schweinfurt geboren wurde, verlor im Winter 1833/34 seine beiden jüngsten Kinder durch Scharlachfieber. Die kleine Luise starb an Silvester im Alter von drei Jahren, der fünfjährige Ernst zwei Wochen später. Der Schmerz über ihren Tod brachte Rückert an den Rand des Zusammenbruchs.
Als Dichter versuchte er, sein Unglück schreibend zu bewältigen, seiner Klage Form und Ausdruck zu geben und die innige Verbindung zu seinen Kindern auf diese Weise aufrechtzuerhalten und fortzusetzen. Von Januar 1834 an bis in den Sommer hinein schrieb er Gedichte über seine Kinder, über ihre Lebendigkeit, ihren Tod und seine Trauer – manchmal drei oder vier am Tag. Fast 500 Gedichte umfasst Rückerts in dieser Zeit entstandene Sammlung der »Kindertodtenlieder«. Hans Wollschläger, Schriftsteller und Vorsitzender der Rückert-Gesellschaft, hat sie als »Verlustmeldung und Todesanzeige von gewaltigster Dimension«, als »größte Totenklage der Weltliteratur« charakterisiert.
Mit den Kindern begrub Rückert auch seine Lebensfreude: »Sie haben das Herz aus der Brust mir genommen / Und habens gelegt in ein Grab. / Das Leben, es

ist mir abhanden gekommen / Es ist mir gegangen hinab.« Sein tiefer Schmerz mischt sich mit Verwunderung darüber, wie schnell sich Licht in Dunkel verkehren kann: »Kummer, Traurigkeit und Klagen / Die ich immer abgewiesen / Oh wie habt ihr aufgeschlagen / Euer Zelt in diesen / Heitern Paradiesen.« Auch der Verwunderung darüber, an diesem Schmerz nicht völlig zu zerbrechen, gibt Rückert Ausdruck: »Unglaublich, wie erträgt ein Herz / Was schon zu denken unerträglich.«

Im Herbst 1833 hatte der Maler Carl Barth die kleine Luise und den kleinen Ernst im Bild festgehalten. Drei Monate später waren die beiden Kinder tot. Rückert hing sehr an den Bildern, weil sie ihm ein Stück Lebendigkeit seiner Kinder bewahrten. Sie begleiteten ihn bis an sein Lebensende in Neuses bei Coburg, wo sie noch heute in seinem ehemaligen Arbeitszimmer zu sehen sind. Es sei ihm zum Troste nichts geblieben als »die Bilder von Barth und eine unsägliche Masse von Todtenliedern«, schrieb Friedrich Rückert 1834 an einen Freund.

Die »Kindertodtenlieder« führten den Dichter nicht nur durch die verwüsteten Landschaften seiner eigenen Seele. Sie waren nicht nur Echo seines Schmerzes – sie waren auch sein Trost. Das besondere Leid, das Eltern widerfährt, die ein Kind zu Grabe tragen müssen, die Klage über die »als Blüten früh Entschwebten«, die »zwei Kleinsten, die zwei Feinsten«, verschafft sich immer wieder Gehör – ebenso wie die Liebe, die der Tod nicht aufzulösen vermag: »Doch ihr, die mir geraubt ein frühes Los / Bleibt immer klein, nie werdet ihr mir groß / Ihr reißt euch nie von meinem Herzen los.« Rückert musste Abschied nehmen, aber er ließ sich seine Kinder dennoch nicht wegnehmen, sondern wies

ihnen in seinen Gedichten einen neuen Platz im Leben zu: »Nein, ich hab es mir geschworen / Euer Leben fortzudichten / Dass es nichts mir kann vernichten.«
Friedrich Rückert hat die »Kindertodtenlieder«, diese sehr private Auseinandersetzung mit seiner Trauer, nicht veröffentlicht. Sie wurden erst im Jahr 1872, sechs Jahre nach seinem Tod, aus dem Nachlass herausgegeben. Die Gedichte schrieb Rückert, der zum Zeitpunkt des Todes von Ernst und Luise 45 Jahre alt war, in erster Linie für sich und seine Frau, aber eben auch für seine beiden toten Kinder, die er immer wieder persönlich anspricht, als könnten sie ihn noch hören: »Du warest klein, und kleine Blumen schling ich / Zum Kranze Dir, und kleine Lieder sing ich / So kleine Gaben großer Liebe bring ich.«
Manchmal erinnern die Gedichte deshalb auch an Wiegenlieder für die »Kleingebliebenen«: kleine Verse von großer Ausdruckskraft, die zwar den Schrecken des Todes zum Thema haben, aber dennoch von einer geradezu spürbaren, umarmenden Zärtlichkeit geprägt sind. Beweise einer Liebe, die tiefe Wurzeln geschlagen hat und die auch nach dem Tod ihr Ziel weiter sucht und findet: »Des verstorbnen Töchterchens / Bild in meinem Zimmer / Frische Blumen aus dem Wald / Holend, schmück ich's immer.«
Friedrich Rückerts »Kindertodtenlieder« sind die wohl ergreifendste und bedeutendste literarische Auseinandersetzung mit der Trauer, eine Totenklage, die ihren Platz in der Weltliteratur gefunden hat. Dennoch sind die Gedichte heute meist nur Literaturwissenschaftlern oder – aufgrund der Vertonung einiger weniger Lieder durch Gustav Mahler – Musikliebhabern bekannt. Doch eigentlich gehören sie in die Hände von Trauernden. Denn es sind Zeugnisse tiefsten menschlichen

Empfindens, die auch nach fast 200 Jahren noch direkt zu uns sprechen.
»So weit nun hab ich's schon gebracht / Mit meinem Schmerz bei Tag und Nacht / Dass ich dich lieber weiß begraben / Als sollt ich nie gehabt dich haben.« Ob es besser ist, zu trauern, oder ob es besser wäre, die geliebte Person nie gekannt zu haben und somit nicht trauern zu müssen – diese und andere Gedankenspiele, die Trauernden wohl vertraut sind, finden in Rückerts Gedichten Widerhall. Die »Kindertodtenlieder« sind eine poetische Reise durch das Land der Trauer, geschrieben, um die toten Kinder zu beklagen, aber gleichzeitig so allgemein gültig, dass sich fast jeder Trauernde in ihnen wiedererkennen kann.
Es gibt kaum einen Aspekt des Trauerprozesses, der bei Rückert nicht zur Sprache kommt. Dazu gehört, neben dem eigenen Leid, der Schmerz über den Umgang der Gesellschaft mit der Trauer: »Jeder hat in dem eigenen Herzen / Eine Kammer für seine Schmerzen. / Aber im Weltgesellschaftshaus / Tauscht man nur Unterhaltung aus.« Rückert hat erfahren, dass das Leben um ihn herum weitergeht und von seiner Trauer unberührt bleibt: »Denn gleichgültig ist doch der Welt / Was ein Herz für so wichtig hält.« Und als ob dies alles nicht schon schlimm genug wäre, lassen ihn viele Freunde mit seinem Kummer allein, während sich ihm andere Menschen zuwenden. Auch seine Enttäuschung und Verwunderung darüber hat Rückert festgehalten: »Meine Freunde, Herzverwandte / Haben schmählich mich verlassen / Während Fremde, Unbekannte / Die zu mir doch gar nicht passen / Sich mit mir befassen.« Trauernde sind sehr verletzlich. Obwohl sie sich in sich selbst zurückziehen, registrieren sie sehr genau, wie sich ihre Umgebung verhält. Sie erfahren schmerzlich,

dass ihnen manche Menschen aus dem Weg gehen, als ob sie eine ansteckende Krankheit hätten. Und bei jenen, die das Wort an sie richten, können sie ehrliche Anteilnahme und Vertröstung meist gut auseinander halten: »Über alle Gräber wächst zuletzt das Gras / Alle Wunden heilt die Zeit, ein Trost ist das / Wohl der schlechteste, den man dir kann erteilen. / Armes Herz, du willst nicht, dass die Wunden heilen.« Schon Rückert hörte diese Floskeln, die teils gedankenlos, teils gut gemeint, aber letztlich wenig tröstlich und hilfreich sind.
Die eigene Untröstlichkeit und das hilflose Geplapper vieler Mitmenschen gegeneinander abwägend, geht Rückert mit sich selbst ins Gericht: »Sei in Deinem Trauerfall / Doch nicht so unduldsam all / Wenn sie trösten Dich, so gut sie's verstehen / mit Wortgelall.« Was der Takt gebietet, im direkten Gespräch zu verschweigen, hat Rückert so doch für die Nachwelt festgehalten.
Floskeln lassen Trauernde noch hilfloser zurück, als sie es vorher waren, denn sie sind ein Schutzschild für diejenigen, die sie von sich geben. Und sie machen deutlich, dass die Mitmenschen, von denen sich Trauernde Hilfe erhoffen, entweder nicht willens oder nicht in der Lage sind, wirklich zu helfen. Vieles lässt man über sich ergehen, aber manches erzeugt Bitterkeit, heute wie vor 170 Jahren: »Ratet mir nicht zum Vergnügen! / Es kann nicht mein Herz betrügen / Kann nur Leid zum Leide fügen.« Rückert verwahrt sich gegen solch wohlfeile Ratschläge, bis hin zum trotzigen Ausruf: »Das sei mein Trost allein: / Untröstlich will ich sein.« Ein Protest gegen die Erwartungshaltung der Gesellschaft – und zugleich Auflehnung gegen die Zumutung, die Tatsache des Todes zu akzeptieren.

Den Tod muss man wohl zur Kenntnis nehmen, doch akzeptieren kann man ihn oft trotzdem nicht. Des Menschen Herz ist überfordert, zu glauben und zu verstehen, dass die, die man in ihrer Lebendigkeit geliebt, nun unbeweglich und schweigend unter der Erde liegen. Auch für Rückert wird der Gang zum Friedhof zur Reise in eine unwirkliche Welt: »Eure Geister sind nicht hier zugegen … / Dass ihr läget unter diesen Hügeln / Das zu glauben kann mich nichts bewegen.« Die Erinnerung an das Leben ist noch so lebendig, dass für den Tod in dieser Vorstellungswelt kein Platz ist: »Oft denk ich, sie sind nur ausgegangen / Bald werden sie wieder nach Haus gelangen.«

Die Sehnsucht und die Hoffnung auf ein Wiedersehen sind ständige Begleiter der Trauer. Auch Friedrich Rückert sucht dieses Zusammensein, die Wiederherstellung der gewohnten Ordnung: »Was kann mich das verhindern? / Ich will zu meinen Kindern«, schreibt er, und gibt seiner Hoffnung auf ein Wiedersehen – wenn nicht in dieser, dann in einer anderen Welt – Ausdruck: »Sie sind voraus geflogen / Nicht meiner Lieb entzogen / Ich nehm ein schnell Gefieder / Und einhol ich sie wieder.«

Die tiefe Verwundung des Herzens und die Verwunderung darüber, trotz dieses Schmerzes weiterleben zu können; die Wut in der Trauer und die Auflehnung gegen den Tod; die Abnabelung von der Welt und die Enttäuschung über die Gesellschaft, die mit Trauernden nichts zu tun haben will; die verzweifelte Suche nach Antworten; die Hoffnung auf ein Wiedersehen; all dies und vieles andere mehr, was Trauernde bewegt, hat Friedrich Rückert erlebt, durchlitten und in Worte gefasst. In den »Kindertodtenliedern« findet das sprachlose Entsetzen der Trauer zur Sprache zurück. Die Gedichte zeigen, dass Trauer schmerzlich ist, aber auch Zeugnis einer Verbindung, die den Tod überdauert: »Etwas hast Du noch, solang es schmerzlich brennt / Das Verschmerzte nur ist todt und abgetrennt.« Und sie zeigen eine Entwicklung auf, an deren Ende eine neue Beziehung zu den Toten steht: »Schönste der Himmelsgaben / Verloren Dich zu haben / Wenn ich's erwäge reiflich / Es ist mir unbegreiflich. / Es ist mir unbegreiflich / Wenn ich's erwäge reiflich / Noch immer Dich zu haben / Schönste der Himmelsgaben.«

Rückerts »Kindertodtenlieder« zeichnen sich aus durch schlichte Wortwahl, virtuose Verskunst und die Fähigkeit, beides miteinander zu verbinden. Die Gedichte sprechen vom Leid der Trauer, aber auch von ihrem Sinn, am schönsten und bewegendsten vielleicht in den berühmten Zeilen: »Du bist mein Schatten am Tage / Und in der Nacht mein Licht. / Du lebst in meiner Klage / Und stirbst im Herzen nicht.« Rückerts Verse lassen tiefe innere Wahrheiten sichtbar werden, die zu allen Menschen sprechen, ganz besonders zu jenen, die trauern. Es sind Gedichte und Gedanken, die den Schmerz der Trauer festhalten und in Liebe verwandeln, geschrieben in der Sprache des Herzens.

Von Licht und Finsternis

Der Selbsterfahrungsbericht »Über die Trauer« des britischen Autors C. S. Lewis zählt zu den aufrichtigsten und erschütterndsten Büchern über den tiefen Schmerz des Verlusts.

Das ganze Leben ist von Grund auf anders. Was früher Bedeutung hatte, hat jetzt keine mehr. Wo einst Wege waren, sind jetzt Sackgassen. Über allem liegt ein Schatten. »Ich höre eine Uhr schlagen, und irgendetwas, was dem Klang bisher immer eigen war, fehlt. Was ist los mit der Welt, was macht sie so flach, so schäbig, so zerschlissen? Dann fällt es mir ein«, bemerkt C. S. Lewis.[13] Der englische Schriftsteller schrieb sich nach dem Tod seiner Frau den Schmerz von der Seele, um nicht an sich und der Welt verrückt zu werden. Die erstmals 1961 erschienenen Aufzeichnungen, die Lewis als »Waffe gegen einen völligen Zusammenbruch« verstand, sind ein literarischer Klassiker geworden. Zu Recht: »Über die Trauer« zählt zu den bewegendsten Büchern, die je geschrieben wurden.

Die Trauer kommt über Lewis wie ein plötzlicher Sturm, und er weiß nicht, wo er Schutz finden könnte. Im Schmerz gefangen, wagt er den Blick in die Zukunft: »Die Qualen, die wilden Augenblicke um Mitternacht müssen gemäß dem Gang der Natur abflauen. Was aber folgt? Wird eine Zeit kommen, wo ich gar nicht mehr frage, warum die Welt einer ärmlichen Straße gleicht, weil ich das Elend als normal hinnehme?«

Wer wirklich trauert, ist nicht mehr von dieser Welt. Er kehrt ihr innerlich den Rücken. Angesichts des Todes eines geliebten Menschen wird alles andere belanglos.

»Zwischen mir und der Welt steht eine unsichtbare Wand«, schreibt Lewis. Er sucht seine Frau, aber er kann sie nicht finden. Wo ist sie jetzt? »Freundliche Menschen sagen mir: Sie ist bei Gott. In einem bestimmten Sinn ist das allerdings sicher. Wie Gott ist sie mir unbegreiflich und unvorstellbar.« Den Hinweis, dass die Toten in unserem Gedächtnis weiterleben, weist Lewis ärgerlich zurück: »Leben? Gerade das wird sie nicht!«

Als fühlender Mensch ist Lewis tief verwundet, als denkender und handelnder Mensch hat er die Orientierung verloren. Ihm wird bewusst, wie sehr seine Gedanken, Gefühle und Handlungen seine Frau zum Gegenstand hatten. Nun sind sie ihres Zieles beraubt. Helens Abwesenheit überschattet alles. Seinen Körper, der ihre Nähe und Berührungen gewohnt war, empfindet Lewis nur noch als verlassenes und leer stehendes Haus.

Lewis erfährt die doppelte Einsamkeit von Trauernden. Er spürt, dass er Verlegenheit auslöst, vielen seiner Mitmenschen fast schon als Zumutung erscheint: »So oft ich einem glücklich verheirateten Paar begegne, kann ich spüren, wie sie denken: Einem von uns beiden geht es eines Tages wie ihm.« Viele überlegen, ob sie »es« erwähnen sollen oder nicht. In seiner Verbitterung denkt er darüber nach, ob es nicht besser wäre, Trauernde »wie Aussätzige in besonderen Siedlungen« zu isolieren.

Lewis geht mit der Welt, aber auch mit sich selbst ins Gericht: »Aus der Art, wie ich rede, muss jeder den Eindruck bekommen, H.'s Tod sei hauptsächlich wegen seiner Wirkung auf mich von Belang. Sie selbst scheint ganz in Vergessenheit zu geraten.« Er kritisiert sein Selbstmitleid, weil er weiß, dass Helen dafür wohl nur ein mildes Lächeln übrig hätte.

Was würde sie von ihm erwarten? Was würde sie sich wünschen? Lewis erinnert sich an ihr lebendiges Wesen und beschließt, sich ihr so oft wie möglich in froher Stimmung zuzuwenden. »Ein bewundernswürdiges Programm. Nur leider nicht durchführbar«, bemerkt er, da die Realität seine guten Vorsätze durchkreuzt: »Heute Abend ist wieder die ganze Hölle frischer Trauer los: die rasenden Worte, der bittere Groll, das Flattern im Magen, der Alptraum vom Nichts, das Suhlen in Tränen.« Die Verzweiflung ist nicht permanent da. Doch sie kommt immer wieder. Lewis vergleicht die Trauer mit einem »kreisenden Bomber, der seine Bomben abwirft, sooft er sein Angriffsziel überfliegt.«

Der Schmerz der Trauer ist wild und verstörend – aber er wandelt sich mit der Zeit. Irgendwann ist Lewis wieder bereit und fähig, Licht zu erkennen, wo früher nur Finsternis war. Anstelle der permanenten Klage findet er eine neue Form, mit seiner Frau zu kommunizieren, ihre Nähe zu spüren.

»Über die Trauer« ist kein Trostbuch im herkömmlichen Sinn. Vielleicht vermag es gerade deshalb, Trost zu spenden. Weil es vielen Trauernden aus der Seele spricht. Weil sie es in der Gewissheit lesen können, nicht alleine durch diese schreckliche Erfahrung gehen zu müssen. Und weil es glaubhaft zum Ausdruck bringt, dass absolute Hoffnungslosigkeit und Verzweiflung nicht von Dauer sind.

Annäherungen an das Undenkbare

An einer unheilbaren Krankheit leidend, versuchte Peter Noll in den letzten Monaten seines Daseins den Sinn des Lebens und den Sinn des Todes zu ergründen.

Was ist der Tod? Für die einen die Heimkehr zu Gott, für andere das Ende allen Lebens, ein Schlussstrich ohne Hoffnung. Für viele das Unbegreifliche schlechthin, ein Ereignis, für das es keine Worte gibt. Der Tod ist unausweichlich, und trotzdem – oder gerade deshalb – wird der Gedanke an ihn verdrängt. Normalerweise funktioniert das ganz gut. Nicht aber, wenn eine unheilbare Krankheit das eigene Ende in greifbare Nähe rücken lässt.

»Eigentlich sollte das Denken an den Tod für jedermann eine lebenslange Beschäftigung sein. Doch ist damit die menschliche Psyche überfordert. Wir müssen so leben, als wären wir unsterblich«, schreibt Peter Noll: »Das Leben will und kann den Tod nicht kennen.«[14] Im Alter von 56 Jahren erfährt der Zürcher Strafrechtsprofessor, dass er an Krebs in fortgeschrittenem Stadium leidet. Noll entscheidet sich gegen eine Operation, gegen die Hinauszögerung des Todes. Aufgrund seines Krankheitsbildes räumt er sich wenig Chancen ein. Er sieht sich vor eine Wahl zwischen zwei Übeln gestellt: Das geringere erkennt er in einem individuellen Tod, möglichst wenig beeinträchtigt durch die eigenen Gesetze der medizinischen Maschinerie.

Was geht in einem Menschen vor, der weiß, dass er bald sterben wird? In seinen »Diktaten über Sterben und Tod« versuchte Peter Noll, diese Frage für sich selbst zu beantworten. Er stellt sich der Auseinandersetzung mit seinem nahenden Ende. Eine Auseinandersetzung, die privaten und öffentlichen Charakter zugleich hat. Zum einen, weil Noll für sich, seine Familie und seine Freunde festhalten will, was gewesen ist. Zum anderen, weil er hofft, dass seine Gedanken anderen Menschen in der gleichen Situation Sinn vermitteln und eine Hilfe sein können.

Peter Noll versucht weder, Worte des Trostes zu finden, noch bemüht er sich, die Gebrauchsanweisung für ein gutes Sterben zu entwerfen. In einer Situation, in der viele von der Macht ihrer Gefühle überwältigt werden, stützt er sich auf die Kraft seines Verstandes. Nüchtern beobachtet er, wie sich sein Verhältnis zur Welt verändert. »Das Gespräch zwischen einem, der weiß, dass seine Zeit abläuft, und einem, der noch eine unbestimmte Zeit vor sich hat, ist sehr schwierig«, schreibt er: »Das Gespräch bricht nicht erst mit dem Tod ab, sondern schon vorher. Es fehlt ein sonst stillschweigend vorausgesetztes Grundelement der Gemeinsamkeit.«

Die Grenzen der menschlichen Kommunikation erfährt Noll schon zu Beginn seiner Krankheit. Ihn schmerzen die Heuchelei, die gequälten Gespräche im Krankenzimmer: »Der Weiterlebende ist froh, wenn er wieder draußen ist, und der Sterbende versucht einzuschlafen.« Leben und Tod als Spiel, Rituale bis zum Schluss: eingeübte Verhaltensweisen, die oft eine wirkliche Begegnung verhindern. Der Mensch ist aufs Leben programmiert und weigert sich daher, sich wirklich mit dem Tod auseinander zu setzen. Nur: Wer im Sterben liegt, kann dieses Spiel nicht mehr mitspielen.

Der Tod zwingt zu einer Rückschau und stellt alle Spielregeln des Lebens in Frage. »Die vermeintlichen Bedürfnisse, die Karriere, die Statussymbole, die gesellschaftlichen Zwänge, sie werden mehr und mehr gleichgültig«, erkennt Noll. Er erinnert sich an den Psalm »Herr, lehre uns bedenken, dass wir sterben müssen, damit wir weise werden«, und beobachtet an sich selbst einen Prozess der Ablösung, eine Konzentration auf das Wesentliche. Wenn die zur Verfügung stehende Zeit begrenzt ist, wird der Umgang mit ihr bewusster, auch der Umgang mit Menschen. Eine der wichtigsten Erkenntnisse, die Noll auf dem Weg zu dieser Weisheit gewinnt, lautet: »Mehr diejenigen lieben, die dich lieben, weniger dich denjenigen widmen, die dich nicht lieben.«

Es ist aber nicht nur die Frage nach dem Sinn des Lebens, die Noll umtreibt, sondern auch die Frage nach dem Sinn des Todes. Die Vertröstungen der Kirche sind ihm keine Hilfe. Der Pfarrer nennt Stellen aus der Bibel, an denen von Erlösung und ewigem Leben gesprochen wird, schreibt Noll: »Er spricht nicht von der Grausamkeit des Sterbens, nicht von der dunklen Unfassbarkeit des Todes.« Die wirkliche Auseinandersetzung mit dem Unfassbaren vermisst er bei Gläubigen wie bei Nichtgläubigen. Atheisten, die behaupten, die Frage nach dem Jenseits stelle sich gar nicht, wirft er Unredlichkeit vor, denn er weiß: »Eine Frage, die nicht beantwortbar ist, bleibt dennoch gestellt.« Für Noll bleiben drei Fragen offen: die Frage nach dem Sinn, die Frage nach dem Tod, die Frage nach Gott. Noll bemüht sich um Erkenntnis, erkennt aber letztlich nur die Vergeblichkeit seines Bemühens: »Alle Versuche, über die Grenze zu schauen, mögen anregend sein. Doch muss man zugeben, dass man wirklich nichts sieht.«

In Büchern über Esoterik und angeblich neue Bewusstseinsdimensionen, die ihm eine gutmeinende Freundin überlassen hat, kann er nur unsinnige Spekulation erkennen, die sich als Denken ausgibt, für Noll die Auslöschung allen Denkens: »Beiträge zur Verdummung, die sich schließlich in einer kolossalen Idiotie zusammentun.« Auch in dieser Grenzsituation des Lebens greift Noll nicht nach wohlfeilem Trost wie nach einem Strohhalm. Statt sich selbst etwas vorzumachen, bleibt er lieber ungetröstet, bewährt sich als unbestechlicher Geist.

Ein Geist, der sich mit dieser Welt auseinandersetzt, bis er sich von ihr entfernt. Am Ende seines Lebens, als sich die Zeit und das Selbst immer mehr aufzulösen beginnen, werden die Notizen spärlicher und brechen schließlich ganz ab. »Mitte September fängt das Sterben wirklich an, vom Intellekt nicht mehr zu verarbeiten«, schreibt Nolls Tochter Rebekka über die letzten Tage ihres Vaters. Peter Noll starb am 9. Oktober 1982, zehn Monate nach Beginn seiner Aufzeichnungen.

Die »Diktate über Sterben und Tod« schrieb Peter Noll in dem Bewusstsein, dass seine Stimme längst verstummt sein wird, wenn seine Worte die Leser erreichen. Es ist nicht das Buch eines Unbeteiligten, der sich nur theoretisch mit dem Sterben auseinandersetzt, aber auch kein Buch, das die persönliche Konfrontation mit dem nahenden Tod zu seinem alleinigen Thema macht. Nolls Anstrengung, beide Betrachtungsweisen zusammenzuführen, macht seinen Bericht so einzigartig. Ein Buch, dessen Selbsterforschung tiefen Respekt abverlangt, das aber auch als menschliches Dokument bewegt. Noll bietet nur wenige Antworten an, stellt aber viele Fragen, die lange nachhallen. »Das Denken kann sich nichts ohne Ursprung denken«, schreibt Noll: »Und das Gehirn des Menschen ist schließlich eine Schöpfung aus diesem Ursprung. Und dieses Gehirn kann sich denken, dass es Undenkbares gibt.«

Glaube an ein unverlierbares Glück

Karl Guido Reys autobiographischer Bericht »Du fehlst mir so sehr« ist ein Tagebuch der Trauer, ein Glaubensbekenntnis und eine Liebeserklärung, die sich über die Grenze des Todes hinwegsetzt.

»Ich möchte von meiner Trauer erzählen. Sie war so schrecklich, dass ich glaubte, selber an ihr sterben zu müssen.«[15] Der Schweizer Psychotherapeut Karl Guido Rey hat sich Jahrzehnte lang mit Lebensproblemen beschäftigt. Mit denen anderer Menschen. Als seine Frau Anna stirbt, weiß er selbst nicht mehr weiter. Ihr Tod führt den 62-jährigen an die Grenze seiner seelischen Belastbarkeit, fast an die Grenze seines eigenen Lebens. Rey ist von der Trauer völlig umfangen. Obgleich er schon in den schwärzesten Tagen Tagebuch führte, gelingt es ihm erst Jahre später, seine Gedanken und Erfahrungen in ein Buch zusammenfließen zu lassen. Jahre, die seine Trauer verwandelten, aber nicht verschwinden ließen. Rey will auch gar nicht, dass seine Trauer verschwindet. Er erkennt in ihr zwar den Schmerz der Trennung, aber auch den Trost der Verbindung: »Die Partnerschaft mit meiner Frau bedeutet mir so viel, dass ich bereit bin, mich mit ihr bis zu meinem letzten Tag auseinander zu setzen«, schreibt er. Anna Rey starb am 18. März 1992 an Krebs. Elf Monate hatte die Krankheit gebraucht, um ihren Körper zu zerstören. Trauer spürte Rey schon während Annas Krankheit: »Ich bin verzweifelt. Es wird nicht mehr gut werden«, vertraut er seinem Tagebuch an. Nach ihrem Tod ist er wie gelähmt. Die Trauer bricht über ihn herein wie eine Naturkatastrophe. Die Wucht der Erschütte-

rung schildert Rey in einer fast biblisch anmutenden Sprache: »Die Trauer spaltete die Erde unter meinen Füßen und schüttete mich mit Finsternis zu. Die Quelle meines inneren Brunnens versiegte. Ich glich einem ausgetrockneten Land.«
Die Trauer stürzt Menschen in ein Chaos der Gefühle. Rey hat sie nahezu alle kennen gelernt. Das Gefühl der Schuld, während des Zusammenlebens mit seiner Frau manches falsch gemacht und anderes versäumt zu haben. Das Gefühl der Ohnmacht und Hilflosigkeit gegenüber der Endgültigkeit des Todes. Das Gefühl der Einsamkeit und grenzenloser Verlassenheit. Das Gefühl des Grolls gegenüber Mitmenschen, die sich gegen seinen Schmerz abschotten. Das Gefühl der Wut gegenüber allen, die es sich im Umgang mit Trauernden allzu einfach machen – auch gegenüber der Bibel, deren Versprechung, dass Trauernde getröstet würden, er als Schwindel empfindet. Und das Gefühl des Zorns, das seine Entfremdung von der Welt nach dem Tod seiner Frau begleitet: »Das Tageslicht schmerzte meine Augen. Das volle Leben der Natur empfand ich als gemeine Provokation. Alle, die lebten, machten mich zornig.«
Die Trauer zeigt sich als Monstrum mit zwei Gesichtern. Sie verbreitet Schrecken, und sie schenkt Trost. Sie ist ein Meer, in dem Schiffbrüchige zu ertrinken drohen, und sie ist eine Rettungsinsel, die Gestrandete überleben lässt. Sie ist Zwangsexil und Rückzugsmöglichkeit zugleich. Die Trauer wird bedingt durch den Tod, und sie widersetzt sich dem Tod. Sie sucht das, was sie nicht mehr finden kann. »Trauer war für mich der einzige Weg, der Verstorbenen nahe zu sein«, schreibt Rey: »Sie sollte die Liebe ersetzen, die ja nicht mehr möglich war.« Trauer ist die Wertschätzung des

Verlorenen, das doch nicht ganz verloren ist, weil die Erinnerungen an Liebkosungen und die Zeit der Gemeinsamkeit bleiben.
Als Psychotherapeut versucht Rey, kraft seines Wissens einen Weg durch das Chaos der Gefühle zu finden. Er erinnert sich an die Studie »Trauer und Melancholie« von Sigmund Freud, der die Reaktionen von Trauernden mit dem Verhalten von Kleinkindern vergleicht, die die abwesende Mutter voller Angst und Zorn durch Weinen und Schreien wieder herbeizurufen versuchen. Er versucht auch selbst, den Ursachen des Schmerzes analytisch auf den Grund zu gehen: »Das herausfordernde, unterstützende und begrenzende Gegenüber geht verloren, das die Ich-Kräfte strukturierte und die Identität sinnvoll bestätigte.« Alles wahr und richtig, aber doch nur Wortgeklingel und kalte Wissenschaft, die nicht weiterhilft. Im Grunde verbleibt der Trauernde im Stadium des Kleinkindes, das nicht weiß, wie ihm geschieht, und den Zustand der Harmonie wiederherstellen will. Letztlich reduziert sich alles auf den hilflosen Ausruf, den Rey seinem Buch als Titel gab und in dem das Leid ergreifend und präzise Ausdruck findet: »Du fehlst mir so sehr.«
Was hilft? Karl Guido Rey sucht nach Antworten und nach Trost. Er sucht Orientierung im Gespräch mit Kollegen. Er sucht Erkenntnis in Büchern aller Art, auch in solchen, die die Hoffnung auf ein ewiges Leben zum Wunschtraum und Selbstbetrug erklären, das Nachdenken darüber als Zeitverschwendung. Und er spürt, wie sich Widerspruch in ihm regt: Das Nachdenken über ein Leben nach dem Tod erscheint ihm nicht als unnütze Beschäftigung. Es hilft ihm, seinen Alltag über Raum und Zeit hinaus zu gestalten.
Als Christ sucht Rey Trost in der Religion – wo er ihn

am Ende auch findet. Seine Wut auf Gott verwandelt sich. Zu Beginn seiner Trauer erschien ihm Gott wie ein brutaler Geiselnehmer, der sich seiner Frau bemächtigt hat, um ihn zu erpressen und an sich zu binden. Der Glaube an die Güte Gottes war ihm abhanden gekommen. Doch der Weg seiner Trauer führte Rey über Umwege wieder hin zu Gott.

»Lebt sie noch? Wie lebt sie? Wo lebt sie? Wie sieht sie aus? Was tut sie? In welcher Beziehung steht sie zu mir?« Rey glaubt, dass Gott der einzige ist, der ihm diese Fragen beantworten kann. Und er ahnt schließlich, dass seine Frau aufgehoben ist bei Gott: »Ich bin dankbar, dass es mir durch ihn möglich ist, meine Frau weiter zu lieben, obwohl sie gestorben ist«, schreibt er: »Die Gnade, an die Auferstehung der Toten zu glauben, macht es mir möglich.« Im Glauben findet Rey die Hoffnung auf ein unverlierbares Glück und die Ahnung unzerstörbarer Identität.

Reys Buch macht Hoffnung – auch jenen, die keine Hoffnung im Glauben finden können. Es beschreibt einen sehr persönlichen Weg durch die Trauer. Während Therapeuten zu erklären und zu stützen versuchen, berichten Trauernde von der Erschütterung ihres eigenen Lebens und von ihrem Aufbruch aus dem Schmerz. Der Zugang ist ein anderer. Karl Guido Rey ist Therapeut, aber er hat die Trauer auch selbst durchlitten. Und er weiß: »Wer Trauer erlebt, kann heilend zum Herzen Trauernder sprechen.«

Strom der Emotionen

Was es bedeutet, ein Kind zu verlieren, beschreibt der amerikanische Autor Tom Crider in seinem Buch »Der Trauer Worte geben«.

Einst war das Leben lebenswert. Es machte Freude, hatte Sinn. Der Journalist Tom Crider fühlte sich gut aufgehoben in der Gegenwart und blickte voller Erwartung auf das, was die Zukunft bringen sollte. Er hatte einen interessanten Beruf, ein Haus auf dem Hügel und eine Tochter, die aufs College ging. Dann klingelten ihn Polizisten mitten in der Nacht aus dem Schlaf. Sie teilten ihm mit, dass seine Tochter bei einem Zimmerbrand ums Leben gekommen sei.

Margaret hat gelacht, geliebt, gelebt. Sie war erst 21 Jahre alt. Jetzt ist sie tot. Die Bäume stehen so still und kraftvoll da wie immer. Aber das Leben hat seinen Glanz verloren. Die Welt scheint sich für diese Tragödie überhaupt nicht zu interessieren. Und Crider interessiert sich für die Welt nicht mehr: »Ich bin wie eine Schnecke, tief in mich selbst hineingetrieben, in einen dunklen, beengenden Raum, wo ich nichts sehen kann und wo schädliche Dämpfe mein Gehirn vergiften.«[16]

Die Trauer der ersten Tage und Wochen kennt keine Worte. Nur ein stummes Klagen, eine Verzweiflung, die tief nach innen vorstößt und sich dort weiter frisst – ohne Grenze, ohne Ziel. Einen Monat nach Margarets Tod beginnt Crider, seiner Trauer Worte zu geben. »Schreiben ist der Versuch, aus den Dingen eine Ordnung zu schaffen, die zeigt, dass das Chaos des Todes falsch ist«, macht er sich Mut. Vier Jahreszeiten lang, über zwölf Monate hinweg, bringt er zu Papier, was er

Tom Crider

fühlt und denkt. Ein Versuch, mit dem Verlust fertig zu werden, der sein Leben erschüttert hat.

Es ist vor allem die Zeit des Suchens, die in Criders Bericht präzisen Ausdruck findet. »Was macht ihre Abwesenheit so groß? Alles, was sie gesagt, gedacht, gefühlt hat und war. Alles was sie gesagt, gedacht, gefühlt hätte und gewesen wäre. Was ich für sie empfand, wenn sie neben mir saß, und was mir an Gefühlen blieb, wenn sie gegangen war.« Es ist auch die Zeit des Bewahrens – auch von kleinen Dingen, die Crider allein dafür liebt, dass sie da waren, als Margaret noch lebte. Auch das Festhalten an Gefühlen der Trauer verbindet ihn mit Margaret. Denn so schmerzlich sie sind – er weiß, dass er ohne diese Gefühle nur noch seine Erinnerungen hätte.

Der Trauer Worte geben: eine nahezu unlösbare Aufgabe. Tiefe Trauer hat so dunkle Schatten, so viele Schattierungen. Abgründe, die nur schwer auszuloten sind. Fragen, auf die es keine Antwort gibt. Die Unfähigkeit zu begreifen, was passiert ist. Das Eingeständnis der Ohnmacht, Einfluss auf die Dinge zu nehmen, die wirklich wichtig sind. Eine tiefe Kränkung, die den Tod der Tochter persönlich nimmt. Und eine Wut, in der sich alle verbliebene Energie sammelt. Crider bekennt, dass es gut wäre, wenn es jemanden gäbe, den er für Margarets Tod umbringen könnte. Doch die Suche nach einem Schuldigen, der zur Rechenschaft gezogen werden könnte, verläuft im Leeren: Es gibt keinen Schuldigen.

Gibt es Trost? Eine Erklärung für das Unerklärliche? Crider versucht zu verstehen, aber er begreift schließlich nur eines: dass sich sein Verstand in dieser schlimmsten Krise seines Lebens als nutzlos erweist. Er hat nie an einen göttlichen Plan geglaubt und die

Vorstellung von Unsterblichkeit immer für Wunschdenken gehalten. Jetzt liest er Bücher über Religion und das Jenseits und spürt, wie sein Herz und sein Verstand in verschiedene Richtungen wollen: »Wenn er liest, dass Sokrates für die Idee einer unsterblichen Seele eintritt, hüpft sein Herz wie ein Hündchen an der Leine und zieht seinen widerstrebenden Verstand nach.«
Tom Crider ist es auf sehr einfühlsame und ausdrucksstarke Weise gelungen, der Trauer Worte zu geben. Sein Bericht besteht aus drei Teilen, die ineinander greifen und sich ergänzen: aus einem persönlichen Tagebuch seiner Trauer; aus einem Hauptteil, in dem der Autor eine Beobachter-Position einnimmt und von sich selbst in der dritten Person schreibt; und aus der Beschäftigung mit religiösen, literarischen und philosophischen Schriften, die er in sein Denkgebäude einzuordnen versucht.
Crider beschreibt den Verlauf seiner Trauer von der Weigerung, den Tod der Tochter zu akzeptieren, bis hin zum Versuch, mit dem Verlust zu leben. Wie der jedes Menschen, ist auch sein Weg durch die Trauer ein sehr persönlicher. Trost fand er in Büchern, in denen er seinen Schmerz und seine Verwirrung wieder erkannte. In den schwärzesten Monaten habe es ihm geholfen, in diesen Strom aus Geschichten und Emotionen von Menschen aller Kulturen und Zeitalter einzutauchen, schreibt Crider. Seine Gedanken sind Teil dieses Stroms geworden. Sein Bericht zählt nun auch zu den Büchern, die Menschen in Trauer eine große Hilfe sein können.

Ein Abschied voller Leben

Die britische Journalistin Ruth Picardie starb 1997 an Krebs. Die Auseinandersetzung mit ihrer Krankheit und ihrem Sterben war ihr letztes Thema.

Oft – sehr viel öfter, als wir dies wahrhaben wollen – trifft der Tod Menschen, die mitten im Leben stehen. Ruth Picardie ist 32 Jahre alt, beruflich erfolgreich, verheiratet und gerade erst Mutter von Zwillingen geworden, als bei ihr Krebs festgestellt wird. Die Journalistin, die über die bunten Seiten des Lebens berichtet, wird plötzlich mit der Möglichkeit des eigenen Sterbens konfrontiert. Picardie schiebt Gedanken an den Tod zunächst weit von sich, muss sich aber schließlich mit der neuen Situation auseinandersetzen. Denn trotz Behandlung breitet sich die Krankheit weiter in ihr aus. Picardie erkundigt sich über Therapiemöglichkeiten und beginnt zu kämpfen: »Wenn die Krankenhaus-Glatzköpfe dir trocken mitgeteilt haben, dass der Nutzen der Behandlung nur in einer Überlebenschance von 50:50 besteht, dann möchtest du die Quote verbessern, egal wie.«[17]

Ruth Picardie hat ihren Kampf gegen den Krebs in verschiedenen Texten festgehalten. In dem Wissen darum, dass ihr Fall kein Einzelfall ist, nutzte die britische Journalistin das Forum, das die Tageszeitung ihr bot, um andere Menschen an ihren Erfahrungen, Ängsten und Hoffnungen teilhaben zu lassen. Unter dem Titel »Before I Say Goodbye« (Bevor ich mich verabschiede) schrieb sie für den »Observer« eine Kolumne über ihr Leben mit der Krankheit. Zusammen mit privaten E-Mails hat ihr Mann Matt Seaton diese Texte zu einem Buch zusammengestellt. Ruth Picardie verlor ihren Kampf gegen die Krankheit. Aber sie hat ein schriftliches Vermächtnis hinterlassen, das voller Leben steckt.

Picardies Aufzeichnungen laufen der allgemeinen Erwartungshaltung zuwider: Sie sind frei von Selbstmitleid, frech und voller Humor. Sie suchen die Distanz zum Geschehen. Als Picardie eine Selbsthilfegruppe für Frauen mit fortgeschrittenem Brustkrebs aufsucht, erwartet sie »einen Haufen trauriger alter Tanten, die Tee trinken«. Stattdessen begegnet sie »einem Haufen trauriger junger Tanten, die Tee trinken«. Nicht nur sie selbst wird vom Leben ungerecht behandelt. Anderen geht es genauso. Und aus ihrem persönlichen Schicksal heraus wächst das Verständnis für andere, für das Grundproblem menschlichen Leids.

Fünf längere Kolumnen konnte Picardie für den »Observer« schreiben, bevor die Krankheit ihr die Kraft nahm. In einem dieser Texte nimmt sie selbst ernannte »Heiler« aufs Korn, die mit den Ängsten unheilbar Kranker Geschäfte machen. Nachdem ihr die Schulmedizin keine Hoffnung mehr gab, wandte sich Picardie alternativen Therapien zu. Ohne Erfolg: »Drei Monate bei Dr. Scharlatan, und die Krankheit hat sich in meinen Knochen ausgebreitet. Sechs Monate Kräutertee, und in Lunge und Leber hatten sich Tumore entwickelt. Drei Monate New-Age-Gedöns, und ich stand da mit einem Hirntumor.« Dem nächsten, der ihr mit dem Rat kommt, »homöopathischen Frosch-Urin« zu trinken, beschließt sie daher, eine »nichtbiologisch-organische Karotte« in den Hintern zu rammen.

Ein Humor, der aus der Verzweiflung erwächst. Eine Stimme, die sich aus dem Abgrund, der sie zu verschlingen droht, zu Wort meldet. Ein Mensch, der sich trotz seiner aussichtslosen Situation – oder gerade deshalb – noch einmal Gehör verschafft, um zu zeigen, dass er noch zählt, dass Leben bis zum Ende Leben ist. Picardie gelingt es, Menschen für ihr Schicksal und das vieler anderer zu sensibilisieren und sie trotz des so ernsten Themas manchmal zum Lachen zu bringen. Ihre Texte sind Zeugnisse wirklichen Humors, der schon immer auf Verzweiflung, auf der Einsicht in das Unabänderliche gründete.

Ruth Picardie hat dem Abschied vom Leben, der so unsagbar schweren Loslösung von Dingen und Personen, Worte gegeben. »Ich habe, wenn ich so zurück schaue, nicht viel verpasst und nicht viel zu bereuen«, schreibt sie: »Die Zukunft wird auch ganz gut ohne mich auskommen. Das Leben wird weitergehen wie immer. Nur wird es mir so fehlen.« Ihre letzte Kolumne erschien am 24. August 1997. Ruth Picardie starb wenige Wochen später. Ihre letzten Texte waren zwei Briefe an ihre Kinder Joe und Lola, die beide noch zu klein waren, um ihre Mutter wirklich kennen zu lernen, bevor sie starb. Briefe, in denen sie den beiden Zweijährigen versichert, dass ihr nichts schwerer fällt, als sie loszulassen.

Picardie verstand es, die Kommunikation aufrecht zu erhalten, in einer Situation, in der die Kommunikation meist zusammenbricht. Ihre Botschaft wurde verstanden. Auf ihre Artikel erhielt sie Hunderte von Leserbriefen – bewegende Botschaften von ebenfalls Betroffenen oder von Menschen, die ihr Mut machen, sie trösten wollten. Einige dieser Briefe sind in dem Buch abgedruckt. Eine Leserin versichert Ruth, dass sie niemals vergessen werden wird: »Sie haben eine Zukunft, auch wenn sie nicht so aussieht, wie Sie sie sich gewünscht haben. Jeder, der Sie jetzt liebt, wird Sie auch weiterhin lieben. Jeder, dessen Leben Sie berührt haben, wird empfinden, dass es ärmer geworden ist, wenn es Sie nicht mehr gibt.«

Sterben, Tod und Trauer bedeuten auch den Verlust gemeinsamer Erinnerungen – »Du bist das Tagebuch, das ich nie geführt habe« – und die Aufgabe, sie zu bewahren. In seinem Nachwort erzählt Picardies Ehemann von den letzten Tagen seiner Frau, ihrem Leiden und ihrer Loslösung von der Welt und seinem Nachdenken über ein Leben nach dem Tod. »Zwar erscheint mir dieser Gedanke noch immer wie eine großartige Fiktion«, schreibt er, »aber ohne ihn ist es so schwer vorstellbar, wo all die Dynamik, all der Elan, die Energie und die Tatkraft geblieben sein mögen, die Ruth ausmachten.«

Picardies Buch ist ein sehr lebendiger Abschied vom Leben, ein Dokument menschlicher Gemeinschaft. Es vereint das Vermächtnis einer Sterbenden und die Liebesbeweise derer, die sie zurücklässt. Es ist das Zeugnis des höchsten Gutes, das menschliches Streben erreichen kann: einer Verbindung, die sich nicht an den Grenzen des Lebens, sondern an eben dieser Verbindung orientiert. Ruth Picardie selbst wollte während ihrer todbringenden Krankheit nicht als Patientin, sondern weiter als Mensch wahrgenommen werden. Ihre Artikel, die Reaktionen ihrer Leser und die Aufzeichnungen ihrer Angehörigen und Freunde machen deutlich, dass das »Menschsein« niemals aufhört – nicht während der Krankheit und auch nicht nach dem Tod.

Für immer niemals mehr

Die niederländische Autorin Connie Palmen beschreibt in ihrem Buch »I. M.« eine große Liebe und eine große Verzweiflung.

Die Liebe ist ungleichmäßig verteilt auf dieser Welt. Sie ist ein Geschenk, das sich nicht einfordern oder gar erzwingen lässt. Manche erfahren sie im Überfluss, andere suchen ein Leben lang vergeblich nach ihr. Connie Palmen und Ischa Meijer gehören zu denen, die die Liebe kannten. »Ich erinnere mich an das Glück«, schreibt Palmen: »Es war so groß, dass es weh tat.«[18]
In Amsterdam treffen 1991 die niederländische Autorin, deren Erstlingsroman »Die Gesetze« gerade die Bestsellerlisten stürmt, und der Journalist Ischa Meijer aufeinander. Eine Begegnung, die beider Leben von Grund auf verändert. Sie erfahren, was es heißt, »unzertrennlich mit jemandem zusammen zu sein«. Das Gefühl, das beide verbindet, wird wichtiger als alles andere. Die Zeit ohne einander macht kaum noch Sinn. Denn die Liebe bedeutet alles.
Die Freude, sich im Gegenüber zu verlieren und wiederzuerkennen, lässt die Zeit wie im Flug verstreichen. Es sollte für immer so weitergehen. Doch plötzlich ist alles vorbei. 1995 stirbt Ischa Meijer 52-jährig an einem Herzinfarkt. Connie Palmens Welt zerbricht. Auf den Schock folgen die Angst, die Verzweiflung, das Unaussprechliche. Das Nicht-Wahrhaben-Wollen und Doch-Begreifen-Müssen.
Für immer niemals mehr – dieses Wortgespann ergreift nach Ischas Tod von Connie Besitz. Die Gegenwart erscheint unerträglich, die Zukunft bedrückend und

sinnlos. Sogar die Vergangenheit wird von Schwermut überlagert. »Ein einziges Wort kann genügen, um den gähnenden Abgrund der Erinnerung aufzureißen, und jede Erinnerung tut weh.« Das Alltägliche wird zum Alptraum, auch eigentlich Amüsantes und Schönes, weil man es nicht mehr teilen kann. Alles bedeutet jetzt nichts. Und der Schmerz bedeutet alles.

Connie Palmens autobiographisches Journal »I. M. Ischa Meijer – In Margine, In Memoriam« ist ein Buch über die Liebe und den Tod. Es beschreibt das grenzenlose Glück und den totalen Zusammenbruch, der auf den unwiderruflichen Verlust dieses Glückes folgt. Es ist Liebeserklärung und Selbsterforschung zugleich. Ein sehr persönliches Dokument, das sich den Maßstäben der Literaturkritik entzieht. Ein sehr intimes Buch, dessen Thema dennoch ausnahmslos alle angeht – das Sterben.

Wie das in ihm beschriebene Leben ist auch das Buch Fragment geblieben. »In Margine«, der erste Teil, setzt der Erinnerung an die Liebe ein Denkmal und bricht nach Ischas Tod abrupt ab. »In Memoriam«, der zweite Teil und eigentliche Kern des Buches, versucht, die Dimensionen des Schmerzes auszuloten. Beschreibt die Anstrengung, das Unvorstellbare einzuordnen, und den Versuch, sich selbst neu zu erfinden. Der freilich so schnell nicht gelingen will. Was bleibt, ist die Trauer. Und die Frage, was bleibt, wie es weitergeht. Ob es überhaupt weitergeht.

Die Entfremdung von der Welt, die über den Tod des Geliebten einfach hinweggeht und in ihrem gewohnten Rhythmus weiter klappert, findet präzisen Ausdruck. Ebenso die Angst, dass nichts bleiben wird als Erinnerungen und Tränen: »Ich beginne mich an den Gedanken zu gewöhnen, dass ich großen Kummer habe, einen

Abwesenden liebe und damit lebe.« Palmen schildert auf bewegende Weise, was der Tod des Lebenspartners für den Zurückbleibenden bedeutet. Bedauerlich daher, dass dieser Blick in den Abgrund der Verzweiflung im Verhältnis zum ersten Teil des Buchs nur so wenig Raum einnimmt.

Auf die Frage, was von Ischa bleiben werde, sagt eine Freundin des Paares nur ein Wort: Connie. Ein geliebter Mensch lebt weiter in denen, die er zurücklässt, in denen, die an ihn erinnern, durch Erzählungen oder durch ihre bloße Gegenwart. Die hilflose Suche nach einer Formel, die Halt geben könnte, findet auf diese Weise doch noch eine Antwort. Und so schließt das Buch mit der Erkenntnis, dass wahre Liebe nicht stirbt, sondern über den Tod hinaus Gemeinsamkeit schafft und verbindet.

Schatten einer tödlichen Krankheit

Warum trifft es gerade dich? Warum uns? Nach der Diagnose Krebs sieht sich ein Paar mit quälenden Fragen und einer neuen Lebenssituation konfrontiert, in der wahrhafte Bindung gefordert ist wie nie zuvor.

Auf alle Fragen gibt es eine Antwort. Probleme sind da, um gelöst zu werden. Diese positive Einstellung hilft weiter in allen Lebenslagen. In fast allen. Eine unheilbare Krankheit ist ein unlösbares Problem, der Tod eine ausweglose Situation. »Mein erstes Gefühl war: Unsere Zukunft ist zerstört«[19], erinnert sich Hans Jellouschek an den Moment, als er erfährt, dass seine Frau an Krebs erkrankt ist.

Die Diagnose ist immer ein Schock – ganz egal, wie schwer die Erkrankung und wie einfühlsam der Arzt ist, der die schlechte Nachricht überbringt. Denn von nun an gehen die Uhren anders. Die Zukunft erscheint nicht mehr als positive Herausforderung, die neue Chancen und Möglichkeiten birgt, sondern als Bedrohung. Als Zeitbombe, die das Leben des liebsten Menschen und damit in gewisser Weise auch das eigene Leben zu zerstören droht.

Manchmal kann Krebs geheilt werden. Manchmal lässt sich die Krankheit unter Kontrolle bringen. Manchmal bleibt einem Paar nur noch wenig Zeit. Margarete und Hans Jellouschek hatten Zeit. 16 Jahre war die Krankheit ihr Begleiter. Zuweilen war das normale Leben fast vollständig wiederhergestellt. Aber am Ende war die Krankheit stärker als alle Bemühungen, sie zurückzudrängen. Margarete Jellouschek starb 1998 im Alter von 53 Jahren. Hans Jellouschek, Psychotherapeut mit dem Schwerpunkt Paar-Therapie, hat in seinem Buch »Bis zuletzt die Liebe« seine persönliche Geschichte zum Thema gemacht. Nach dem Tod seiner Frau nahm er eine berufliche Auszeit, um sich mit seiner Trauer auseinanderzusetzen. Das Buch behandelt dennoch nicht den Schmerz des Verlusts, sondern die Zeit davor, das Leben im Schatten einer tödlichen Krankheit.

Die Suche nach Erklärungen steht am Anfang dieses Lebens unter völlig neuen Vorzeichen. Hat der Krebs rein körperliche oder psychosomatische Ursachen? Sind schädliche Umwelteinflüsse schuld? Subjektive Krankheitstheorien werden entwickelt und verworfen. Die Gedanken versuchen ein Puzzle zusammenzusetzen, um der Ohnmacht zu entfliehen. Das gesicherte Wissen über die Entstehung von Krebs ist bruchstückhaft, das Wissen über die richtige Behandlung oft ebenfalls. So keimt die leise Hoffnung, dass alternative Therapien zum Erfolg führen könnten. »Man möchte doch nicht Chancen und Möglichkeiten, die sich auftun, ungenutzt lassen.«

Mit der Diagnose Krebs rückt der Tod plötzlich greifbar nahe. »Oft wird es nicht offenbar, weil man darüber schweigt und es verdrängt, um die eigene Angst zu bändigen oder den Erkrankten nicht zu verunsichern«, schreibt Jellouschek. »Aber der Gedanke an den Tod ist eine schier unvermeidliche Assoziation.«

Worum geht es jetzt? Um die existenzielle Bedrohung, möglicherweise aber auch – zumal bei Partnern, die gemeinsam für den Lebensunterhalt sorgen – um das ökonomische Überleben. Eine Krise, die den gesunden Partner oft überfordert. »Hier begann ich zu verstehen, worum es jetzt ging«, schreibt Jellouschek: »Nicht um ein heroisches ›Jetzt muss ich es alleine schaffen!‹, sondern vor allem um ›Für sie da sein.‹

Durch den Krebs habe ich gelernt, mich auf Bindung wirklich einzulassen.«

Liebe kann eine bösartige Erkrankung nicht heilen. Aber sie kann das Schwere leichter machen. Seinen persönlichen Erfahrungsbericht hat Jellouschek daher um »Hinweise für ähnlich betroffene Paare« ergänzt. Dort findet sich die Empfehlung, ein emotionales Bündnis zu schließen, die Krankheit zum gemeinsamen Problem zu machen; Wege zu suchen, um die eingeschränkte Lebensqualität zu steigern; zu überlegen, welche Hilfen jeder der Partner braucht; unerfüllte Träume, die sich noch verwirklichen lassen, gemeinsam umzusetzen; den Tod und das Danach zum Thema zu machen, wenn der Partner dazu bereit ist.

Wenn sich aber der Tod ankündigt, entfernt sich der Sterbende innerlich von dieser Welt – und auch vom Partner. Aus eigener Erfahrung, die durch Untersuchungen bestätigt wird, erklärt Jellouschek, man müsse als Angehöriger damit rechnen, dass es in der letzten Lebensphase zu einer Distanzierung kommt: »Man hat als Begleitperson dann nicht etwas falsch gemacht, sondern der Sterbende beginnt seinen letzten Weg, für den er sich durch Ablösung bereit macht.« Diese Erfahrung stellt die Liebe nicht in Frage, sondern weiß sie in sich geborgen.

Hans Jellouschek hat ein bewegendes und kluges Buch geschrieben über die Gefahren und Chancen für eine Beziehung nach der Diagnose Krebs. Er berichtet, trotz allem Schweren, von Momenten beglückender Innigkeit zwischen ihm und seiner Frau: »Der Krebs hat uns herausgefordert zu einer Auseinandersetzung mit dem Leben, die uns bereichert und in eine Tiefe der Liebe geführt hat, die wir vielleicht sonst nicht erreicht hätten.«

Mitten in der Nacht des Lebens

In ihrem Buch »Keine Zeit zum Abschiednehmen« berichtet Beatrix Gerstberger über das Weiterleben nach dem plötzlichen Tod ihres Partners.

Am 13. Juni 1999 wurde der »Stern«-Reporter Gabriel Grüner im Kosovo aus dem Hinterhalt erschossen. Mit ihm starben ein Fotograf des Magazins und ein Dolmetscher. Der 35-Jährige hinterließ seine gleichaltrige Lebensgefährtin Beatrix Gerstberger, im sechsten Monat schwanger, die in Hamburg auf seine baldige Rückkehr wartete. Doch zurück kam nur ein Sarg. Es dauerte lange, bis Gerstberger sich selbst und ihre Sprache wiedergefunden hatte. In ihrem Buch »Keine Zeit zum Abschiednehmen« beschreibt sie die ersten drei Jahre nach dem Tod ihres Freundes.

»Wenn einer stirbt, den man sehr geliebt hat, dann verlässt man diese Welt ebenfalls – auf eine andere Weise«[20], schreibt Gerstberger. »Von diesem Moment an versagt der Intellekt, das Gefühl verschlingt einen, und nichts lässt sich mehr bezwingen, am allerwenigsten der Schmerz. Dieser besitzt eine Tiefe, vor der man zurückweicht.« Die Suche nach Antworten beginnt. Der Versuch, zu begreifen, was unbegreiflich ist. »Ich habe verzweifelt nach Sätzen gesucht in Büchern, Artikeln, aus denen ich die Gewissheit nehmen konnte, dass ich das Grauen überleben würde«, erinnert sich Gerstberger. Teil ihres Versuchs, das eigene Überleben zu beschreiben, waren die Gespräche mit anderen Frauen, die Ähnliches erfahren haben. Aus dieser Auseinandersetzung mit dem Tod und zerbrochenen Lebensplänen entstand dieses Buch.

Als die Bundeswehrmaschine mit dem Sarg Gabriel Grüners mitten in der Nacht landet, denkt Gerstberger nur: »Ich will da nicht hingehen. Das kannst doch nicht du sein.« Kurze, einfache Sätze, die präzise das Unfassbare beschreiben. Die Realität löst sich auf. »Ich gebe mein ganzes Leben für dich auf, will nur bei dir sein, mit dir reden, dich schützen, dir helfen – alles, was ich nicht konnte.« Versuche, die Wirklichkeit zurechtzubiegen, um dem Grauen zumindest in Gedanken etwas entgegenzusetzen.

Doch die Realität ist gnadenlos. Silvester 1999 prostet Beatrix Gerstberger mit ihrem Baby auf dem Arm dem Bild Gabriel Grüners zu: »Zwei Menschen und ein Foto. Das ist unsere Familie.« Der Tod des Partners ist ein Schmerz, den andere allenfalls erahnen können. Dem Verlust des Gegenübers folgt der Verlust des Selbst: »Niemand denkt seit deinem Tod so über mich nach, keiner beobachtet mich so, ich bin unsichtbar geworden, auch für mich selbst.«

Das Vertrauen in die Unversehrtheit des Lebens geht verloren. Gerstberger liest die Todesanzeigen jung Verstorbener, als ob sie nach einer Art Gerechtigkeit sucht. Tröstet das Unglück der anderen? »Ich will bestätigt sehen, dass diese Welt ein unerträglicher Ort ist, Glück nur ein lächerliches Geschenk auf Zeit, jederzeit zerstörbar, und ich wünsche mir tatsächlich einen Orkan, eine Sturmflut, die mich wegspült von dieser Welt.« Verzweifelte Versuche, die Außenwelt mit der Innenwelt in Übereinstimmung zu bringen.

Die Gegenwart gemeinsamer Freunde tut gut. »Solange sie da sind, existierst du.« Dann die bange Frage: »Wann wird das Schweigen einsetzen?« Die Therapeutin spult ihr Garn ab, empfiehlt, von Gabriel in der Vergangenheitsform zu sprechen: »Er war, er ist nicht mehr.« Ein Gedanke, den Gerstberger zurückweist. »Du sollst in mir lebendig bleiben. Meine Gedanken weigern sich, dich aus unserem Leben auszuschließen. Wie soll man sich voneinander trennen, wenn man sich so liebt?«

Das Leben ist anders, eigentlich kein Leben mehr. »Ich lebe nicht, ich überlebe«, schreibt Gerstberger. »Es ist anstrengend, sich der Welt zuzuwenden.« Erst nach zwei Jahren sollte sich dies ändern, auch wenn sich Herz und Verstand weiter gegen den Tod auflehnen. »Ich akzeptiere die Welt, die dich nicht mehr kennt, und den Riss, den ich stets in mir tragen werde. Ich erwarte nichts mehr – eine seltsame Form von Freiheit.« Sieben weitere Frauen hat Beatrix Gerstberger für ihr Buch interviewt. Darunter Cheri Magnus und Michelle Ludwig, deren Männer beim Anschlag auf das World Trade Center in New York getötet wurden, und Martina Nicolaidis, deren Mann bei einem Autounfall starb. Unterschiedliche Lebenswege und Schicksale – und doch haben alle ähnliche Erfahrungen gemacht, als ob der Schmerz einen Kern freilegen würde, der bei allen gleich ist. »Wir können nur eine Ahnung von dem vermitteln, was uns fast zerstört hätte«, schreibt Gerstberger. »Es ist unsere Wahrnehmung, aber vielleicht eine, die denen weiterhelfen kann, die Gleiches erleben müssen.«

Aber die Liebe bleibt bestehen

»Nun aber bleiben
Glaube, Hoffnung, Liebe, diese drei.
Aber die Liebe ist die größte unter ihnen.«

(1 Korinther 13,13)

Aber die Liebe bleibt bestehen

Die Trauer tut weh. Doch sie ist die Frucht und logische Fortsetzung der Liebe, Zeichen einer tiefen Verbindung, die auch über den Tod hinaus ihren Platz im Leben behauptet.

Was ist, wenn die Liebe stirbt? Wenn uns der Partner, der uns eine lange Wegstrecke unseres Lebens begleitet hat, Teil von uns selbst geworden ist, so wie wir von ihm, durch den Tod weggenommen wird? Tiefe Liebe bedeutet, dass sich zwei Menschen so nahe gekommen sind, dass sie immer zusammen sein möchten. Viele verzweifeln, wenn der Partner stirbt. Und manche zweifeln auch am Sinn der Liebe. Sie glauben, dass es besser gewesen wäre, niemals so geliebt zu haben. Besser, als jetzt diesen Schmerz der Trennung ertragen zu müssen. Sie glauben, dass mit dem Partner auch die Liebe gestorben ist.

Aber die Liebe stirbt nicht. Sie ist stärker als der Tod. Sie bleibt. »Unsere Lieben wachsen, wenn sie gegangen sind, in uns hinein, werden ein Teil von uns. Sie geben uns ihre Liebe und Kraft, und am Ende bewahren wir sie unsichtbar in uns«, stand in einer Todesanzeige. »Im Leben hast du deinen Platz verlassen, in unseren Herzen bleibst du hier.« Ähnliches ist in vielen Texten zu lesen, in denen Trauernde den Tod eines geliebten Menschen bekannt geben. Nur Versuche, sich zu trösten, um die bittere Wahrheit des Todes erträglich zu machen? Es sind Zeugnisse der Liebe, die auch über den Tod hinaus ihren Platz im Leben einfordert. Wer geliebt hat und geliebt wird, lebt auf gewisse Weise wirklich weiter.

»Da ist ein Land der Lebenden und ein Land der Toten«, schreibt Thornton Wilder, »und die Brücke zwischen ihnen ist die Liebe – das einzig Bleibende, der einzige Sinn.«[21] Gemeinschaft und Nähe, die Menschen im Leben geschaffen haben, werden durch den Tod nicht aufgehoben. Sie leben weiter in der Erinnerung, in der Sehnsucht – und in der Trauer. Die Liebe, die wir erfahren haben, ist ein Geschenk, das uns niemand mehr wegnehmen kann – auch nicht, wenn die geliebte Person gestorben ist. Die Erinnerung an diese Liebe bleibt. Die Erinnerung, schreibt Jean Paul, ist das einzige Paradies, aus dem wir nicht vertrieben werden können.

Aus der Trauer würden wir uns dagegen gerne vertreiben lassen, denn sie schmerzt, tut manchmal unerträglich weh. Aber die Trauer ist keine Krankheit: Sie ist die Frucht der Liebe, ihre logische Fortsetzung. Wir würden nicht so trauern, wenn wir nicht so geliebt hätten. Die Trauer kann niemand einfach von uns wegnehmen. Aber die Liebe auch nicht. Und wenn wir wirklich die Wahl hätten: Wie viele würden denn – nur um den Schmerz, der sie jetzt trifft, nicht ertragen zu müssen – die besondere Beziehung, die sie erfahren durften, aus ihrem Leben tilgen?

Mit den Menschen, die wir lieben und durch den Tod verlieren, sind wir dennoch weiter verbunden – auch durch die Trauer. »Du lebst in meiner Klage, und stirbst im Herzen nicht«[22], schreibt Friedrich Rückert in seinen »Kindertodtenliedern«. Trauer ist eine der Formen, in denen sich die Liebe jetzt Ausdruck verschafft. Eine Sehnsucht, ein Liebesbeweis, eine unmittelbare Form der Zuwendung, die die geliebte Person, die im Leben nicht mehr an unserer Seite ist, mit dem Herzen sucht und finden kann. Die Trauer, der heftige Schmerz über

den Verlust, wird mit der Zeit erträglicher. Aber die Liebe bleibt bestehen.
Doch manchmal ist der Weg durch die Trauer so schwer, dass sich viele wünschen, lieber tot zu sein. Sie würden gerne mit dem Menschen tauschen, um den sie trauern, lieber seinen Platz einnehmen, anstatt durch dieses Leid zu gehen. Wenn wir uns aber von der Liebe leiten lassen, kann sie uns auch in dieser Situation den Weg weisen, uns dabei helfen, das Leid zu tragen, vielleicht sogar einen Sinn darin zu finden. Max Frisch hat einmal eine sehr einfache Frage gestellt: »Wenn Sie jemand lieben: Warum möchten Sie nicht der überlebende Teil sein, sondern das Leid dem andern überlassen?«[23]
Wenn wir wirklich lieben und wenn diese Liebe Gültigkeit besitzt, auch über den Tod der Person hinaus, die wir lieben, dann sollten wir dieses Leid bereitwillig auf uns nehmen – und nicht tauschen wollen und es dem andern überlassen. Das Überleben, das Weiterleben, kann so ein letzter Liebesdienst sein für die Person, um die wir trauern. Wenn wir wirklich lieben, sollten wir auch daran denken, dass die geliebte Person, die wir verloren haben, uns das Leid der Trauer gerne erspart hätte. Wir sollten versuchen, uns vorzustellen, was die Person, die wir lieben, uns wünschen würde: Sie würde uns wünschen, dass wir weiterleben können, ohne dass die Trauer unser Leben verfinstert. Sie würde uns wünschen, dass es uns gut geht.
»Schmerz und Klage sind unsere erste natürliche Antwort auf den Verlust eines geliebten Menschen. Sie genügen aber nicht, uns mit den Toten zu verbinden«, schreibt Hermann Hesse. »Durch Gedanken, durch genaueste Erinnerung, durch Wiederaufbau des geliebten Wesens in unserem Inneren« kann diese Verbindung

bewahrt werden, erklärt er. Die Toten, die er im Leben gekannt und geliebt hat, »sie gehören zu mir und meinem Leben, heute ebenso wie einst, als sie noch lebten.« Hesse zweifelt nicht daran, dass sich Liebe und geistige Nähe gegen den Tod behaupten: »Die Dahingegangenen bleiben mit dem Wesentlichen, womit sie auf uns gewirkt haben, lebendig, solange wir selber leben.«[24]

Die Liebe bleibt – auf beiden Seiten: »Solange wir einander lieben und uns an dieses Gefühl der Liebe erinnern können, können wir sterben, ohne jemals wirklich fortzugehen«, zitiert der amerikanische Autor Mitch Albom seinen sterbenden Lehrer Morrie Schwartz. »All die Liebe, die du geschaffen hast, ist noch immer da. Alle Erinnerungen sind noch immer da. Du lebst weiter in den Herzen aller Menschen, die du berührt hast und denen du Gutes getan hast, während du hier warst. Der Tod beendet dein Leben, nicht eine Beziehung.«[25] Der Glaube an die Liebe kann so eine Quelle der Kraft sein – für die, die sterben, wie für die, die zurückbleiben.

Die Beziehung bleibt bestehen – auf andere Weise. Liebe und Tod haben Dichter und Denker aller Zeiten und Kulturen beschäftigt. Und viele von ihnen sind zu dem Glauben gelangt, dass wir im Innersten unseres Wesens mit den Verstorbenen vereinigt bleiben. »Treya, Liebste, ich verspreche, dass ich dich immer und immer und immer wieder finden werde in meinem Herzen«[26], versicherte der amerikanische Philosoph Ken Wilber seiner gestorbenen Frau. Der britische Autor C. S. Lewis spürte nach einer Phase tiefen Schmerzes über den Tod seiner Frau plötzlich »ein vollkommenes und frohes Einvernehmen« mit ihr und fragte sich: »Könnte dieses Einvernehmen die Liebe selbst sein?«[27]

Wunschgedanken, poetische Träumereien, könnte man einwenden. Dichterworte. Doch sehr viele Menschen haben Ähnliches erfahren. »Er ist hier tief in mir. Deshalb bin ich die ganze Zeit glücklich. Es ist, als ob zwei Personen eine geworden wären. Obwohl ich allein bin, sind wir auf bestimmte Weise zusammen«[28], erklärte eine Witwe dem Trauerforscher Colin Murray Parkes. »Sie ist immer hier bei mir. Sie ist in meinem Leben, den ganzen Tag, jeden Tag«[29], zitiert Carol Staudacher einen Mann, der seine Frau, aber nicht ihre Liebe verloren hat. In Marlene Lohners Textsammlung »Plötzlich allein« berichtet eine Witwe: »Es stimmt eben nicht, dass der Tod uns scheidet. Er scheidet uns nicht.«[30]

Man müsse loslassen können, um wieder ins Leben zurückzufinden, ist in manchen Ratgebern für Trauernde zu lesen. Doch die Liebe akzeptiert keine Vorschriften, kümmert sich nicht um Ratschläge. Die Liebe kennt viele Wege. Wir müssen sie uns nicht versperren, uns von niemandem vorschreiben lassen, was richtig und was falsch ist, niemals – auch nicht in der Trauer. Loslassen, festhalten – was bedeutet das überhaupt? Festhalten heißt ja nicht unbedingt, sich an etwas zu klammern, was vergangen ist. Es kann auch bedeuten, das zu bewahren, was bleibt.

Was bleibt, ist die Liebe, es kann aber noch mehr sein. »Was durch einen Menschen in uns belebt wurde, müssen wir auch dann nicht verloren geben, wenn wir die Beziehung verlieren. Durch diese von ihnen in uns belebten Seiten leben auch die Toten in uns und in unserem Leben weiter«[31], schreibt die Psychotherapeutin Verena Kast. »Es gibt eine neue, anders geartete, aber auch aus den Quellen gemeinsamen Erlebens genährte Verbindung über den Tod hinaus«[32], erklärt die Trauerbegleiterin Monika Müller. Wir können die Person, die wir verloren haben, als inneren Ratgeber befragen. Wir können Dinge und Beziehungen, die ihr wichtig gewesen waren, fortsetzen und so in ihrem Sinne handeln und weiterleben. Wir können versuchen, ihr Wesen und ihre Heiterkeit in uns selbst zu entdecken. Wenn wir dies wirklich wollen, werden die Menschen, die wir lieben, mit uns verbunden bleiben. Sie werden immer bei uns sein.

Heidrun Döbrich und Herbert Scheuring

lernten sich im Jahr 1980 kennen und lieben.
Ihr Glück währte lange, doch ihre Liebe bekam
nicht die Zeit, die sich beide gewünscht hätten.
Nach fast 20 Jahren gemeinsamen Lebens
wurde bei Heidrun Döbrich im März 1999 ein
Krebsleiden festgestellt. Sie starb drei Monate
nach der Diagnose, am 4. Juni 1999.
Die Trauer führte Herbert Scheuring an die Grenze
seines eigenen Lebens. Ein Jahr nach dem Tod
seiner Lebenspartnerin begann er mit der Arbeit
an dem Buch »Wege durch die Trauer«.

Anmerkungen

[1] Mascha Kaléko: Verse für Zeitgenossen, Rowohlt Verlag, Reinbek 1995, S. 9.
[2] Stephen Levine: Sich öffnen ins Leben, Herder Verlag, Freiburg 2000, S. 56.
[3] Marlene Lohner: Plötzlich allein. Frauen nach dem Tod des Partners, Fischer Verlag, Frankfurt 1997, S. 127.
[4] Jorgos Canacakis: Ich begleite dich durch deine Trauer, Kreuz Verlag, Stuttgart 1990, S. 46.
[5] Margot Bickel: Pflücke den Tag, Herder Verlag, Freiburg 1998 (zitiert nach Carin Dioda und Tina Gomez: Warum konnten wir dich nicht halten? Wenn ein Mensch, den man liebt, sich das Leben genommen hat, Kreuz Verlag, Stuttgart 1999, S. 144).
[6] Friedrich Rückert: Kindertodtenlieder, neu herausgegeben von Hans Wollschläger, Insel Verlag, Frankfurt 1993, S. 174.
[7] Lis Bickel und Daniela Tausch-Flammer: Wenn ein Mensch gestorben ist. Wie gehen wir mit dem Toten um?, Herder Verlag, Freiburg 2000, S. 12.
[8] Edmund Burke, zitiert nach: Doris Zagdanski, Wenn die Worte fehlen. Auf trauernde Menschen eingehen, Herder Verlag, Freiburg 2000, S. 12.
[9] Rainer Maria Rilke, Trauerarbeit (in Insel Band 604), zitiert nach: Mechtild Voss-Eiser, Noch einmal sprechen von der Wärme des Lebens. Texte aus der Erfahrung von Trauernden, Herder Verlag, Freiburg 2001, S. 170.
[10] William Shakespeare: Macbeth, IV. Akt, 3. Szene.
[11] Johannes von Tepl: Der Ackermann, Frühneuhochdeutsch/Neuhochdeutsch, herausgegeben und übersetzt von Christian Kiening, Reclam Verlag, Ditzingen 2000. Dieses und die folgenden Zitate sind dieser Ausgabe entnommen.
[12] Friedrich Rückert: Kindertodtenlieder, neu herausgegeben von Hans Wollschläger, Insel Verlag, Frankfurt 1993. Alle Zitate aus dieser Ausgabe.
[13] C. S. Lewis: Über die Trauer, Insel Verlag, Frankfurt 1999. Alle Zitate aus dieser Ausgabe.
[14] Peter Noll: Diktate über Sterben und Tod, Droemer Knaur Verlag, München 2002. Alle Zitate aus dieser Ausgabe.
[15] Karl Guido Rey: Du fehlst mir so sehr. Der Weg der Liebe durch Tod und Trauer, Kösel Verlag, München 1998. Alle Zitate aus dieser Ausgabe.
[16] Tom Crider: Der Trauer Worte geben, Scherz Verlag, Bern-München-Wien 1999. Alle Zitate aus dieser Ausgabe.
[17] Ruth Picardie: Es wird mir fehlen, das Leben, Rowohlt Verlag, Reinbek 2000. Alle Zitate aus dieser Ausgabe.

[18] Connie Palmen: I. M. Ischa Meijer – In Margine, In Memoriam, Diogenes Verlag, Zürich 2001. Alle Zitate aus dieser Ausgabe.
[19] Hans Jellouschek: Bis zuletzt die Liebe. Als Paar im Schatten einer tödlichen Krankheit, Herder Verlag, Freiburg 2002. Alle Zitate aus dieser Ausgabe.
[20] Beatrix Gerstberger: Keine Zeit zum Abschiednehmen. Weiterleben nach seinem Tod, Marion von Schröder Verlag, München 2003. Alle Zitate aus dieser Ausgabe.
[21] Thornton Wilder: Die Brücke von San Luis Rey, Fischer Verlag, Frankfurt 1995, S. 127.
[22] Friedrich Rückert, a. a. O., S. 61.
[23] Max Frisch: Fragebogen, Suhrkamp Verlag, Frankfurt 1992, S. 93.
[24] Hermann Hesse: Mit der Reife wird man jünger. Betrachtungen und Gedichte über das Alter, herausgegeben von Volker Michels, Insel Verlag, Frankfurt 1990, S. 178f..
[25] Mitch Albom: Dienstags bei Morrie. Die Lehre eines Lebens, Goldmann Verlag, München 2002, S. 198.
[26] Ken Wilber: Mut und Gnade, Goldmann Verlag, München 1996, S. 440.
[27] C. S. Lewis, a. a. O., S. 80.
[28] Übersetzt aus Colin Murray Parkes: Bereavement. Studies of Grief in Adult Life, Penguin Group, London 1996, S. 105.
[29] Carol Staudacher: Tage der Trauer, Tage der Heilung. Tröstende und stärkende Meditationen, Scherz Verlag, Bern-München-Wien 1997, S. 346.
[30] Marlene Lohner, a. a. O., S. 133.
[31] Verena Kast, Vorwort zu C. S. Lewis: Über die Trauer (a. a. O.), S. 15.
[32] Monika Müller und Matthias Schnegg: Unwiederbringlich. Vom Sinn der Trauer. Hilfen bei Verlust und Tod, Herder Verlag, Freiburg 1999, S. 55.

Adressen

Überall in Deutschland gibt es Selbsthilfegruppen, Gesprächskreise und Kontaktstellen, die Trauernden weiterhelfen. Auskunft gibt es bei städtischen und kirchlichen Beratungsstellen, Hospizvereinen oder Psychosozialen Diensten von Kliniken. Im folgenden einige bundesweite Kontaktadressen, die Rat und Hilfe anbieten und oft auch regionale Ansprechpartner in Ihrer Nähe vermitteln können:

AGUS e. V.
Angehörige um Suizid
Wilhelmsplatz 2
95444 Bayreuth
Tel. (09 21) 15 00 380
Internet: www.agus-selbsthilfe.de
Der Verein Angehörige um Suizid (AGUS), aus einer Selbsthilfegruppe hervorgegangen, ist Ansprechpartner für Hinterbliebene von Menschen, die sich das Leben genommen haben. Er vermittelt auch Kontakte zu regionalen Selbsthilfegruppen, die sich mittlerweile vielerorts in Deutschland gegründet haben.

Bundesarbeitsgemeinschaft Hospiz
Am Weiherhof 23
52382 Niederzier
Tel. (0 24 28) 80 29 37
Internet: www.hospiz.net
Die Bundesarbeitsgemeinschaft Hospiz informiert über Tätigkeiten und Ziele der Hospizbewegung und stellt Arbeitsgemeinschaften auf lokaler wie auf Landes- und Bundesebene vor.

BATF e. V.
Bundesarbeitsgemeinschaft Trauerfeier
Gartenstraße 114
24220 Flintbek
Tel. (0 43 47) 70 37 33
Internet: www.batf.de
Der Verein thematisiert die Bedeutung von Trauerfeiern für die Lebenden und die Toten und stellt auch Kontakte zu Trauerrednern her.

Deutscher Kinderhospizverein e. V.
Bahnhofstraße 7
57462 Olpe
Tel. (0 27 61) 96 95 55
Internet: www.kinderhospizverein.de
Der Verein versteht sich als Ansprechpartner für Familien, in denen ein Kind unheilbar erkrankt ist, und bietet Informationen und Begleitung in der Zeit der Krankheit und nach dem Tod des Kindes.

GEPS Deutschland e. V.
Gemeinsame Elterninitiative Plötzlicher Säuglingstod
Rheinstraße 26
30519 Hannover
Tel. (05 11) 83 86 202
Internet: www.schlaud.de/geps
Die bundesweit ehrenamtlich tätige Selbsthilfeorganisation von Eltern unterstützt betroffene Familien bei der Bewältigung des erlittenen Verlusts und bietet auch Begleitung in der Trauer an.

Initiative Regenbogen »Glücklose Schwangerschaft« e. V.
In der Schweiz 9
72636 Frickenhausen
Internet: www.initiative-regenbogen.de
Kontaktkreis für Eltern, die ein Kind durch Fehlgeburt, Frühgeburt, Totgeburt oder kurz nach der Geburt verloren haben.

Private Trauerakademie Fritz Roth
Kürtener Straße 10
51465 Bergisch Gladbach
Tel. (0 22 02) 9 35 80
Internet: www.trauerakademie.de
Die Einrichtung des Bestatters Fritz Roth informiert über viele Aspekte der Themen Sterben, Tod und Trauer und über Veranstaltungen der Privaten Trauerakademie. Informationen über Fritz Roths in diesem Buch (»Der Trauer eine Heimat geben«) vorgestelltes Haus der menschlichen Begleitung: Pütz-Roth, Bestattungen und Trauerbegleitung (Adresse wie oben), Internet: www.puetz-roth.de

Verwaiste Eltern in Deutschland e. V.
Bundesstelle
Fuhrenweg 3
21391 Reppenstedt
Tel. (0 41 31) 6 80 32 32
Internet: www.veid.de
Der Bundesverband Verwaiste Eltern in Deutschland (VEID) berät Familien in allen Lebensfragen nach dem Tod eines Kindes und vermittelt Kontakte zu regionalen Ansprechpartnern.

Weitere Informationen im Internet:

www.bestatter.de:
Die Internet-Seite des Bundesverbands der Bestatter in Deutschland informiert nicht nur über Bestattungsarten und Formalitäten nach einem Todesfall, sondern auch über Trauerbewältigung, Trauerbegleitung, Selbsthilfegruppen und weiterführende Literatur.

www.come.to/trauer:
Die Website berichtet ausführlich und einfühlsam über Gefühle und Phasen der Trauer. Weitere Themen sind die Pflege kranker Angehöriger, Sterbebegleitung, Möglichkeiten der Erinnerung oder Spiritualität in der Trauer. Links verweisen zudem auf Möglichkeiten der »Beratung in Trauer- und Lebensfragen« und andere Themen.

www.stationregenbogen.de:
Die Elterninitiative leukämie- und tumorkranker Kinder Würzburg e. V., deren Arbeit in dem Text »Begegnungen unter dem Regenbogen« in diesem Buch vorgestellt wird, informiert hier über ihre Aktivitäten zum Wohl betroffener Kinder und Familien.

www.Tod-und-Trauer.de:
Die Website beschäftigt sich mit verschiedenen Aspekten der Trauerbegleitung, gibt Hinweise auf Literatur, Filme und Musik zum Thema Trauer, erklärt verschiedene rechtliche Aspekte im Zusammenhang mit dem Tod und anderes mehr. Eine Link-Sammlung führt zu 100 weiteren Adressen, die zum Beispiel über Trauerseminare, Friedhöfe oder Beratungsangebote informieren.

www.trauer.org:
Das Internet-Projekt will Betroffenen nach dem Tod eines geliebten Menschen helfen, den Schmerz des Verlusts anzunehmen und auszudrücken. Auf der Website finden sich an einer virtuellen Klagemauer zahlreiche persönliche Einträge von Trauernden, die ihren Schmerz in Briefen an ihre Verstorbenen in Worte fassen, dazu Empfehlungen von Büchern, tröstende Worte und anderes mehr. Ein Online-Forum und ein Trauer-Seminar geben Betroffenen die Möglichkeit zum Austausch von Erfahrungen.

www.veid.de:
Der Bundesverband Verwaiste Eltern in Deutschland e. V. (VEID) bietet auf dieser Internet-Plattform Hilfsangebote für betroffene Familien nach dem Tod eines Kindes und nach eigenen Angaben die größte Online-Beratung und Information zum Thema Trauer weltweit. Auf fast 500 Seiten finden sich hier zahlreiche Informationen nicht nur für vom Tod eines Kindes betroffene Eltern und Geschwister, sondern auch für andere Trauernde. Neben konkreten Ratschlägen wie »16 Punkte, um mit Trauer zu leben« oder »Wie kann ich helfen?« gibt es Literaturempfehlungen, Hinweise auf Veranstaltungen wie Trauerseminare oder ein Forum, in dem Betroffene und Helfer miteinander kommunizieren können.

www.verwitwet.de:
Hier gibt es Informationen und Kontaktmöglichkeiten für Männer und Frauen, die den Tod ihres Partners beklagen. Wie man den Kindern und sich selbst helfen kann, sind nur einige der vielen Themen, die auf der Website behandelt werden. Das Angebot, das Austausch ermöglicht und konkrete Ratschläge gibt, richtet sich auch an Verwitwete ohne Kinder.

Literatur

Albom, Mitch: Dienstags bei Morrie. Die Lehre eines Lebens, Goldmann Verlag, München 2002

Mitch Albom erhielt während seiner Besuche bei seinem im Sterben liegenden Lehrer Morrie Schwartz in zahlreichen Gesprächen Lektionen über das Leben und die Dinge, die wirklich wichtig sind. Die Gespräche über den Tod, Gefühle oder die Unendlichkeit hielt Albom in seinem Buch »Dienstags bei Morrie« fest. Ein Buch voller Liebe und Leben, das dem Tod nicht das letzte Wort lässt.

Bickel, Lis und Tausch-Flammer, Daniela: In meinem Herzen die Trauer. Texte für schwere Stunden, Herder Verlag, Freiburg 2001

Einfühlsame Gedichte und Gedanken berühmter Autoren über Sterben, Tod und Trauer sind in diesem Band gesammelt. Texte, die Trauernden aus der Seele sprechen und die Begegnung mit der Erfahrung anderer ermöglichen. Sie sind wertvolle Begleiter für Trauernde, gerade in der besonders schweren Zeit unmittelbar nach einem Todesfall.

Bickel, Lis und Tausch-Flammer, Daniela: Wenn ein Mensch gestorben ist. Wie gehen wir mit dem Toten um?, Herder Verlag, Freiburg 2000

Der Umgang mit Toten ist heute von einer großen Hilflosigkeit und Unsicherheit geprägt. Die Autorinnen zeigen in diesem Buch Möglichkeiten eines würdevollen Abschieds auf. Sie berichten von alten Ritualen und den vielen Dingen, die auch heute noch getan werden können, um die letzten Tage liebevoll und sinnvoll zu gestalten.

Canacakis, Jorgos: Ich begleite dich durch deine Trauer, Kreuz Verlag, Stuttgart 1990

Menschen in Trauer fühlen sich oft allein gelassen oder in ihrem Schmerz nicht ernst genommen. Jorgos Canacakis, Psychotherapeut und Begründer so genannter Trauer-Seminare, zeigt in diesem Buch Wege des Abschieds auf, die helfen können, den Verlust zu verarbeiten. Canacakis beschreibt Situationen und Gefühle, gibt Anleitung zu Meditationsübungen und ermutigt dazu, die Trauer zu leben.

Canacakis, Jorgos: Ich sehe deine Tränen. Trauern, klagen, leben können, Kreuz Verlag, Stuttgart 2002

Die Fähigkeit zum Trauern bewahrt nach Auffassung von Jorgos Canacakis Menschen vor seelischer Verkümmerung und hilft ihnen, ihr Leben nach einem schweren Verlust wieder anzunehmen. Canacakis hat Trauerprozesse erforscht und zahlreiche Betroffene auf ihrem Weg durch die Trauer begleitet. In diesem Buch beschreibt er Erscheinungsformen der Trauer und sein Konzept des Trauerseminars, das Menschen durch die Auseinandersetzung mit einem Verlust Möglichkeiten zum Weiterleben aufzeigen und dabei helfen will, wieder Lebensfreude zu entwickeln.

Cassuto Rothman, Juliet: Wenn ein Kind gestorben ist. Trauerbegleiter für verwaiste Eltern, Herder Verlag, Freiburg 2002

Ein sehr hilfreicher Begleiter für Eltern, die den Tod eines Kindes betrauern. Die amerikanische Autorin beschreibt, welche Gefühle auftreten können, was in dieser schwierigen Situation für die Familie wichtig sein kann und erläutert unterschiedliche Möglichkeiten, den Verlust zu verarbeiten.

Dioda, Carin und Gomez, Tina: Warum konnten wir dich nicht halten? Wenn ein Mensch, den man liebt, sich das Leben genommen hat, Kreuz Verlag, Stuttgart 1999

Die Selbsttötung eines Menschen stellt Trauernde vor besonders große Probleme. Der Schmerz des Verlusts mischt sich oft mit Schuldgefühlen oder Wut auf die Person, die ihr Leben selbst beendet hat. Außerdem ist Suizid gesellschaftlich ein Tabu, was Hinterbliebene noch stärker isoliert als andere Trauernde. Die Autorinnen lassen Fachleute und Hinterbliebene zu Wort kommen, die von ihrem Leben nach der Selbsttötung eines geliebten Menschen berichten. Ein Buch, das Betroffenen hilft, ihre Situation anzunehmen.

Dobrick, Barbara: Wenn die alten Eltern sterben. Das endgültige Ende der Kindheit, Kreuz Verlag, Stuttgart 2000

Jeder Mensch hat unterschiedliche Beziehungen und Freunde in seinem Leben, aber nur eine Mutter und einen Vater. Wie wichtig das Fundament ist, das die Existenz der Eltern darstellt, wird manchmal erst deutlich, wenn es wegbricht. Der Abschied von den Eltern ist in gewisser Weise auch der Abschied von der eigenen Kindheit. Mit dem Tod der Eltern wird die wichtigste Verbindung zur eigenen Vergangenheit durchtrennt. Barbara Dobrick hat in vielen Gesprächen persönliche Erfahrungen Betroffener gesammelt. Das Buch zeigt auf, welche unterschiedlichen Gefühle durch den Tod von Vater und Mutter ausgelöst werden können, und hilft dabei, dieses Erleben zu verstehen und mit dem Schmerz zu leben.

Ennulat, Gertrud: Kinder trauern anders. Wie wir sie einfühlsam und richtig begleiten, Herder Verlag, Freiburg 2003

Der Ratgeber macht deutlich, wie wichtig es ist, die besondere Sprache der Kindertrauer zu entschlüsseln. Viele Fallbeispiele geben Hinweise, was man tun kann, um Kinder in Zeiten der Trauer nahe zu sein und wie man ihnen helfen kann, den Verlust zu verarbeiten.

Gäbe, Sabine: Wenn mir die Worte fehlen. Texte für den Umgang mit Tod und Sterben, Gütersloher Verlagshaus 2002

Trauer macht sprachlos. Viele haben Angst, Trauernden zu begegnen, weil sie nicht wissen, was sie ihnen sagen sollen. Wie ist ein trauernder Mensch anzusprechen? Welche Worte dringen zu ihm durch, können Trost spenden? Dieses Buch gibt Antworten auf viele dieser Fragen und zeigt an konkreten Beispielen auf, was hilfreich sein kann.

Ginsburg, Genevieve D.: Trauer, Schuld und Zorn. Weiterleben nach dem Tod des Partners, Herder Verlag, Freiburg 2000

Das Buch wendet sich – anders, als der irreführende Untertitel vermuten lässt – ausschließlich an verwitwete Frauen. Ginsburg macht Frauen Mut, ihre neue Lebenssituation anzunehmen, durch verschiedene Aktivitäten wieder Freude und Selbstbestätigung zu finden. Manchmal jedoch ist es des Guten fast etwas zu viel: Besonders das Kapitel »Aus dem Witwensein in das erfüllte Menschsein« erweckt zuweilen den Eindruck, dass das Leben nach dem Tod des Mannes – endlich – jetzt erst richtig losgeht.

Kast, Verena: Trauern. Phasen und Chancen des psychischen Prozesses, Kreuz Verlag, Stuttgart 2002

Durch den Tod eines geliebten Menschen werden wir in unserem Selbstbild und Weltverständnis erschüttert. Die Psychotherapeutin Verena Kast definiert Trauer als »die Emotion, durch die wir Abschied nehmen«. In diesem Buch zeigt Kast verschiedene Ausdrucksformen der Trauer auf und Möglichkeiten, nach dem Tod einer geliebten Person ein neues Selbstverständnis zu finden.

Kessler, David: In Würde. Die Rechte des Sterbenden, Kreuz Verlag, Stuttgart 2003

David Kessler, Schüler von Elisabeth Kübler-Ross und einer der Wegbereiter der amerikanischen Hospizbewegung, hat im Lauf seiner langjährigen Tätigkeit vielfältige Erfahrungen in der Begleitung von Sterbenden gesammelt. Sein Buch stellt, stärker als viele andere Veröffentlichungen zum Thema, den Blickwinkel des Sterbenden, um den es letztlich geht, in den Mittelpunkt. Kessler zeigt an vielen Beispielen auf, was Sterbende bedrückt, wie Angehörige, Ärzte oder Pflegekräfte mit ihnen sprechen können und wie ein persönlicher Abschied in liebevoller Umgebung gelingen kann.

Krüger, Sabine: Jonas. Über das Leben, die Krankheit und den Tod meines Kindes, Kreuz Verlag, Stuttgart 2000

Der kleine Jonas ist nur wenige Jahre alt geworden. Er starb an einem Gehirntumor, als er gerade begann, die Welt für sich zu entdecken. Sabine Krüger erzählt in ihrem Buch von der Krebserkrankung ihres Kindes, von seinem Tod und ihrer Trauer. Der anrührende Bericht ist so geschrieben, als ob Krüger ihrem kleinen Sohn nachträglich erklären wollte, was passiert ist. Das Buch zeigt, dass liebevolle Nähe zu jeder Zeit möglich ist, und macht Eltern in gleicher Situation Mut, diese Nähe zu gestalten.

Levang, Elizabeth: Männer trauern anders, Herder Verlag, Freiburg 2002

Männer tun sich in der Regel schwerer als Frauen, ihre Gefühle auszudrücken. Dies zeigt sich auch in der Trauer. Das Buch stellt elf Erfahrungsberichte vor, in denen Männer beschreiben, wie sie mit einem Verlust umgegangen sind. Sie zeigen, dass Männer den Schmerz meist ebenso tief empfinden wie Frauen, auch wenn ihr Verhalten dies oft nicht erkennen lässt. Dies kann bei Paaren zu Missverständnissen und Konflikten führen. Das Buch leistet einen wichtigen Beitrag zur Verständigung, indem es unterschiedliches Verhalten erklärt und einordnet.

Lohner, Marlene: Plötzlich allein. Frauen nach dem Tod des Partners, Fischer Verlag, Frankfurt 1997

In dem Buch sprechen acht Frauen unterschiedlichen Alters über ihre Trauer. Die in individuelle Lebensberichte umgearbeiteten Interviews erzählen persönliche Geschichten und zeigen verschiedene Formen der Trauerbewältigung auf. Be-

wegende, ehrliche Texte, die Frauen in ähnlicher Lage Hilfe und Orientierung bieten können.

Lothrop, Hannah: Gute Hoffnung – Jähes Ende, Kösel Verlag, München 2001

Fehlgeburten, Totgeburten und der Verlust von noch sehr kleinen Kindern sind die Themen dieses Buches. Die Autorin – Psychologin, Therapeutin und selbst vom Tod eines Kindes betroffen – weist Eltern Wege durch ihre Trauer. Das Buch zeigt, wie Trauer besser bewältigt werden kann, zum Beispiel durch Gestaltung des Abschieds und der Schaffung von Erinnerungen. Nicht zuletzt gibt Lothrop auch wertvolle Ratschläge für Ärzte, Pflegepersonal oder Angehörige zum Umgang mit Trauernden.

Müller, Monika und Schnegg, Matthias: Unwiederbringlich. Vom Sinn der Trauer. Hilfen bei Verlust und Tod, Herder Verlag, Freiburg 2001

Das Buch beschreibt auf der Basis langjähriger Erfahrungen in der Begleitung Trauernder das Chaos der Gefühle nach einem Verlust. Besonders wohltuend ist es, dass hier nicht, wie so oft, die Ideologie des Loslassens gepredigt wird, sondern Vorschläge gemacht werden, den verstorbenen Menschen als inneren Begleiter und Ratgeber bei sich zu behalten. Ein Buch, das sinnvolle Bewältigungsstrategien für Trauernde aufzeigt und aus dem auch professionelle Begleiter viel lernen können.

Nagl, Andrea: Mit Würde Abschied nehmen. Trauerfeiern ohne Kirche, Herder Verlag, Freiburg 2002

Viele Menschen empfinden die üblichen Rituale bei Trauerfeiern und Gottesdiensten nicht als tröstlich. Wie vielfältig die Möglichkeiten sind, einem geliebten Menschen auf individuelle Weise die letzte Ehre zu erweisen, zeigt dieser Ratgeber, der detaillierte Vorschläge zur Gestaltung von Trauerfeiern macht. Ein sehr hilfreiches, überfälliges Buch zu einem wichtigen Thema.

Reitmeier, Christine und Stubenhofer, Waltraud: Bist du jetzt für immer weg? Mit Kindern Tod und Trauer bewältigen, Christophorus Verlag, Freiburg 1998

Wenn Kinder mit dem Tod konfrontiert werden, stellen sie Fragen und verlangen Antworten. Dann brauchen sie ehrliche Antworten, um das Geschehen einordnen zu können. Dieses Buch beschreibt sehr detailliert, wie sich Trauer bei

Kindern äußern kann und wie Eltern und andere Begleitpersonen trauernden Kindern Trost und Halt geben können.

Ritter, Mechthild: Wenn ein Kind stirbt. Ein Begleiter für trauernde Eltern und Geschwister, Kreuz Verlag, Stuttgart 2003

Die Autorin, Seelsorgerin auf der Kinderkrebsstation der Universitätsklinik Würzburg, berichtet aus ihren langjährigen Erfahrungen im Umgang mit Krankheit und Tod von Kindern und der Trauer der zurückbleibenden Eltern und Familien. Am Beispiel zahlreicher konkreter Fälle macht Ritter auf bewegende Weise deutlich, was für Familien nach dem Tod eines Kindes hilfreich und tröstlich sein kann und was Kliniken für trauernde Angehörige tun können. Ein Ratgeber nicht nur für verwaiste Familien, sondern auch für professionelle Begleiter.

Roth, Fritz und Bode, Sabine: Der Trauer eine Heimat geben. Für einen lebendigen Umgang mit dem Tod, Gustav Lübbe Verlag, Bergisch Gladbach 1998

Die Bedeutung einer einfühlsamen Trauerbegleitung steht im Mittelpunkt dieses Buches, das alte Rituale in Erinnerung ruft und vielfältige Möglichkeiten eines liebevollen Abschiednehmens von Toten vorstellt. Sabine Bode und Fritz Roth, Leiter einer Privaten Trauerakademie und eines Bestattungshauses, das auf menschliche Begleitung großen Wert legt, erzählen von Menschen, die einen persönlichen Ausdruck für ihren Verlust fanden, und ermutigen dazu, Trauer zu leben und auszudrücken.

Roth, Fritz und Bode, Sabine: Wenn die Wiege leer bleibt. Hilfe für trauernde Eltern, Ehrenwirth Verlag, Bergisch Gladbach 2002

Das Buch zeigt Wege auf, Trauer und Abschied zu gestalten, wenn ein Kind im Mutterleib, bei der Geburt oder kurz danach stirbt. Betroffene Eltern berichten, wo und wie sie Trost fanden. Angehörige und Begleiter finden in dem Buch Anregungen, wie sie trauernden Eltern beistehen können.

Roth, Fritz und Fliege, Jürgen: Lebendige Trauer. Dem Tod bewusst begegnen, Ehrenwirth Verlag, Bergisch Gladbach 2002

Die Autoren machen Mut, die Trauer zu leben und den Abschied von einem geliebten Menschen lebendig zu gestalten. Sie zeigen an vielen Beispielen Möglichkeiten auf, den

Schmerz des Verlusts anzunehmen und auszuhalten, über Vergangenes nachzudenken, die Erinnerung zu bewahren und einen Neuanfang zu wagen.

Schins, Marie-Therese: Und wenn ich falle? Vom Mut, traurig zu sein, Deutscher Taschenbuch Verlag, München 2001

Eines der wenigen Bücher, das sich speziell an Jugendliche richtet und ihnen bei der Auseinandersetzung mit ihrer Trauer helfen will. Jugendliche berichten hier auch selbst über ihren Schmerz nach dem Tod eines Bruders, einer Schwester oder eines Freundes und erzählen, was sie getröstet, was ihnen geholfen hat.

Schophaus, Michael: Im Himmel warten Bäume auf dich. Die Geschichte eines viel zu kurzen Lebens, Goldmann Verlag, München 2002

Der Journalist Michael Schophaus erzählt die Geschichte des kleinen Jakob, seines Sohnes, der im Alter von zwei Jahren an Krebs erkrankte, und die Geschichte seiner Familie, die ihn 600 Tage bis zu seinem Tod begleitete. Er berichtet von Therapien und enttäuschten Hoffnungen, von Verletzungen durch die seelenlose Maschinerie des Krankenhauses, aber auch von der Kraft und Liebe, die sich in auswegloser Situation entwickelten. Und er erzählt von seinem kleinen Sohn Jakob, der sich trotz all seiner Leiden an kleinen Dingen freuen konnte. Ein sehr persönliches Buch über die Trauer eines Vaters und das Sterben eines Kindes.

Schwartz, Morrie: Weisheit des Lebens, Goldmann Verlag, München 2002

Es gibt viele Bücher über Sterbebegleitung, in denen Experten aus ihrer langjährigen Erfahrung berichten. Hier spricht ein Sterbender selbst über den Umgang mit der Lebenszeit, die noch bleibt. Die Gedanken von Morrie Schwartz können Sterbenden helfen, ihre Situation und das Leben bis zum Schluss mit Leidenschaft und Gelassenheit anzunehmen. Das aus Aphorismen und kurzen Texten des 1995 gestorbenen Morrie Schwartz zusammengestellte Buch enthält keine abgehobenen philosophischen Erkenntnisse, keine endgültigen Einsichten in die letzten Dinge. Es spricht vielmehr davon, was das Menschsein ausmacht, auch und gerade im Angesicht des Todes. Ein Buch für Sterbende wie für Menschen, die mitten im Leben stehen.

Staudacher, Carol: Tage der Trauer, Tage der Heilung. Tröstende und stärkende Meditationen, Scherz Verlag, Bern-München-Wien 1997

Aus der Flut der Ratgeber für Trauernde, die einander in Inhalt und Aussage meist sehr ähneln, ragt dieser Begleiter heraus. Das Buch nimmt Trauernde beim Wort und spricht direkt zu ihnen. Es beruht auf der Erkenntnis, dass gemeinsame Erfahrungen bei der Bewältigung der Trauer hilfreich sind. Jede Seite des Buches beginnt mit dem Zitat eines Menschen, der über seine Trauer und seinen Verlust spricht, gefolgt von einem literarischen Zitat, das dieses Gefühl ebenfalls beleuchtet. Ein dritter Abschnitt erläutert die spezielle Situation, den Schluss bildet eine Art Lehre oder Ermutigung, die Trauernden Kraft geben soll. Das Buch ist thematisch in drei Teile gegliedert, die sich an den Trauerphasen Zurückziehen, Verarbeiten und Überwinden orientieren. Leider ist die deutsche Übersetzung unter dem irreführenden Reihentitel »Meditationsbücher für Frauen« erschienen. Das Buch wendet sich an alle, die um einen geliebten Menschen trauern, und ist eine Fundgrube trostreicher Gedanken.

Voss-Eiser, Mechtild: Noch einmal sprechen von der Wärme des Lebens. Texte aus der Erfahrung von Trauernden, Herder Verlag, Freiburg 2001

Trostsprüche und wirklicher Trost sind zwei sehr unterschiedliche Dinge. Mechtild Voss-Eiser hat während ihrer langjährigen Tätigkeit als Trauerbegleiterin Texte gesammelt, die Betroffenen Trost vermitteln konnten. Eine wohldurchdachte, bewegende Sammlung von Gedanken zum Thema Sterben, Tod und Trauer.

Wiese, Anja: Um Kinder trauern. Eltern und Geschwister begegnen dem Tod, Gütersloher Verlagshaus 2001

Aus eigenem, schmerzlichen Erleben und langjähriger Erfahrung in der Begleitung verwaister Familien berichtet die Autorin über den langen Weg vieler Eltern, ihrem Leben nach dem Tod eines Kindes wieder Sinn zu geben. Das Buch macht Trauernden Mut und schafft Raum für Hoffnung und positive Gedanken.

Danksagung

Viele Menschen haben Anteil an der Entstehung dieses Buches. Zu ihnen gehören all jene Leser, deren Zuspruch und bewegende Briefe auf die zuerst in den Titeln der Zeitungsgruppe Mainpresse veröffentlichten Beiträge hin mich ermutigten, diese Arbeit fortzusetzen. Danken möchte ich Harald Döbrich, Hans Döbrich, Heribert Handwerk sowie Rita und Joachim Spies, die alle Texte dieses Buches kritisch lasen und wertvolle Anregungen gaben. Mein Dank gilt Wolfgang Keil, dem Ressortleiter von Journal und Magazin der Main-Post, und David Brandstätter, dem Geschäftsführer der Mainpresse Zeitungsverlagsgesellschaft, die durch ihr Vertrauen in meine Arbeit die Serie »Wege der Trauer« und dieses Buch möglich gemacht haben. Ich danke Heike Grigull, die half, die einzelnen Texte zu einem Buch zusammenfließen zu lassen. Mein Dank gilt all jenen Personen, die mir von ihrer Arbeit mit Trauernden und ihren Erfahrungen berichteten: Gottfried Amendt, Christiane Bonk, Evelyn Flohr-Schmitt, Karola Götz-Wittekind, Jürgen Häring, Dr. Andreas Kalmutzki, Ulrich Kamm, Wilhelm Kreiner, Gertraud Kreuzer, Ursula Kunad, Christel Lochner, Gerold Neudert, Reinhild Rath, Christine Reitmeier, Mechthild Ritter, Fritz Roth, Rita Schmitt, Günter Schuhmann, Dr. Heidi Silbernagl und Waltraud Stubenhofer. Besonders danken möchte ich all jenen Trauernden, die mir ihre Geschichte erzählten, aber namentlich nicht genannt werden wollten. Von Herzen danke ich all meinen Freunden, meiner Familie, besonders meinen Eltern Annelore und Hermann Scheuring, die mich auf meinem Weg durch die Trauer begleiteten und mich in dieser schweren Zeit auf besondere Weise ihre Nähe spüren ließen. Für ihre Liebe und all die gemeinsamen Jahre danke ich meiner verstorbenen Lebenspartnerin Heidrun Döbrich. Ihre Liebe, die ich weiter in mir spüre, und ihre positive Lebenseinstellung, die ich immer vor Augen zu haben versuche, gaben mir die Kraft, dieses Buch zu schreiben und das Leben wieder als Aufgabe zu begreifen.